能見さんの美学

#みんな大好き

ポーカーフェイスの内側
すべて明かします

能見篤史
元阪神タイガース
元オリックス・バファローズ

ベースボール・マガジン社

はじめに

早いもので、ユニフォームを脱いでから半年以上がたちました。先輩方には、「自主トレの時期、キャンプの時期になると、引退したことを実感する」と聞いていたのですが、僕は特に……。キャンプを見ても、シーズンが開幕して試合を見ても、体はうずきもしません（笑）。「大変だなあ」と思うばかりです。

それだけ〝やり切った〟ということだと、自分では思っています。

小さいときから大好きだった野球が仕事になり、楽しいことよりも苦しいことのほうが多かったけれど、それでもやめたいと思ったことは一度もありません。とても幸せなことだと思います。

今、胸を張ってそう言えるのは、人に恵まれたからにほかなりません。優しい言葉で励ましてくれた人も、あえて厳しいことを言ってくれた人も、転機になるような〝気づき〟を与えてくれた人も……みんな、僕の人生の恩人です。

本を出版しませんか？

お話をいただいたとき、最初はちょっとためらいました。僕の人生を振り返って、それを読んだ人は面白いのだろうか、と。僕自身があまり本を読まないので、イメージできなかったのです。

でも、僕だから伝えられることもあるんじゃないか、そう考え直しました。

僕の経験談が、だれかの参考になるかもしれない。それがきっかけで、何か変わる人がいるかもしれない。人生を左右するような大きな変化じゃなくても、日々の生活の中で、ちょっとだけ前向きになれる気づきがあれば……。そう思って決意しました。

どうもうまくいかないなあ。

そんなモヤモヤを抱えて毎日を過ごしている人、多いと思います。

僕もそうでした。社会人のときはケガばかりでしたし、プロに入ってからも思い通りにならないことの連続。何度も壁にぶつかっては跳ね返されました。でも、どこかにヒントはないかと、アンテナを張り巡らせることだけは忘れませんでした。

何かをキャッチできたら、どんな些細《ささい》なことでも自分の中に落とし込み、とりあえずやってみる。すべてうまくいくわけではありませんが、粘り強くトライすることで、少しずつでも成長を感じることができました。そして、気がつくと球界最年長投手になるまで現役を続けられていたのです。


人生はちょっとしたことで変わる。

それが僕の実感です。

会社勤めの人、専業主婦の人、アルバイト生活の人、今は働いていない人、学生さん……それぞれの立場で、その人にしか分からない苦悩があると思います。この本の中に、みなさんのヒントになることが何か一つでもありますように。そう願ってやみません。

目次

第3章　気づきを転機に――阪神時代

第4章　伝える――オリックス時代

第5章　野球を極める――投手の仕事

第6章　心の弱さと向き合う
――ポーカーフェイスの内側

第7章　姿勢よく生きる
――美しくあるということ

協力　株式会社プロアスリート
阪神タイガース
オリックス・バファローズ
デザイン　PAARE'N
写真　牛島寿人、ベースボール・マガジン社
構成　岡部充代
校閲　稲富浩子

第1章

決断する——現役引退

「来季構想外」から現役続行の道を選ぶ

2022年シーズン限りで、僕、能見篤史は現役生活にピリオドを打ちました。25歳でプロの世界に入って18年。まさか43歳になるまで現役を続けられるとは想像もしていませんでした。最後の年は球界最年長投手でしたからね。われながらよくやったと思います。

「引退」の2文字が頭をよぎるようになったのは4、5年前。年齢は特に意識しませんでしたが、とはいえ、向き合わざるを得ないものです。日々のトレーニングや練習の中で、できていたはずのことがどんどんできなくなる……そこは否応なく現実を突きつけられました。

年齢を重ねれば体力が落ちていくのは必然。走っていて足が急に遅くなることはありませんが、体の回復が遅くなるので本数を走れなくなります。それを感じるようになったのは35歳くらいからでしょうか。最初は元気よく走れても、だんだんと足が動かなくなってくる。それはもう、どうしようもないことでした。

20年のシーズン終盤、阪神タイガースから「来季構想外」と言われたとき、僕は41歳でした。自分の体と相談して、成績を見て、そろそろかな、まだやれるかな……そんなふうに葛藤していたので、正直、そこで決断してもおかしくありませんでした。

でも、僕は現役続行の道を選んだ。タイガースで終わるのがベストだったかもしれません。実際、そうなると思っていたし、他球団のユニフォームを着るなど考えたこともありませんでした。14年に国内フリーエージェントの権利を取得し、そのオフに行使した上で残留したのも、タテジマで現役を終えるつもりだったからです。

では、なぜそうしなかったのか。自分で思っていた終わり方と違っていたからです。分かりやすい言葉でいえば「不完全燃焼」。

球団に呼ばれたのは9月で、来シーズン必要な選手とそうでない選手の線引きをする時期でした。チームに新陳代謝は必要ですから、僕が戦力外と判断されたこと自体はなんの問題もありません。ただ、もう少し早い段階でチーム方針を伝えてほしかった。これは僕の勝手な言い分かもしれませんが、事務的に通達を受けた、という印象が残ったことは否めません。

そしてもう一つ、コロナ禍も要因だった気がします。ちょうどその年、新型コロナウィルス感染症が流行し始め、社会全体が影響を受けました。プロ野球も例外ではなく、開幕は6月19日、延長は10回まで、無観客試合が続いたり、お客さんが入るようになっても人数制限があったり……さまざまなことが〝ふつう〟ではありませんでした。そのことが余計に「不完全燃焼」という感覚を強くさせたのだと思います。

現役続行を決めてからは、アピールの気持ちでマウンドに上がりました。チームの勝利に貢献するため、というのは大前提として、それプラス、どこかの球団関係者の目に留まるように、と。

自然とストレートが多くなりましたね。真っすぐにチカラがなければ、40歳を過ぎたピッチャーを獲ってくれる球団などないでしょうから、そこを見てもらいたくて。全力で投げたので、スピードも上がっていたようです。最後の登板（11月11日、対横浜ＤｅＮＡ＝甲子園）では１４９キロをマークしました。

最初に声をかけてもらったのは東北楽天でした。最終登板の夜に石井一久監督から連絡があり、「三木谷（浩史）オーナーからGOサインが出た」と。ほかにはオリックス、広島、埼玉西武から。本当にありがたいことです。

最終的にオリックス・バファローズにお世話になると決めたのは、関西の球団というのが大きかったです。家族と一緒に暮らせますし、環境が変わらないというのは大きなメリットでした。

僕はいつも「オリックスに拾ってもらった」という表現をします。42歳になるシーズン、戦力として計算できるかといえば、微妙な判断になるでしょう。もうオッサンですからね。左投げという利点と、阪神で16年やらせてもらった経験を加味して、でも選手一本では厳しいから「コーチ兼任」ということになったのだと思います。

この「コーチ兼任」というのが僕の野球人生においてとても大きな意味を持つのですが、それはまたあとで書くことにしましょう。

あれ？　自分がいなくても大丈夫だな

オリックス1年目の21年シーズンオフ、契約更改の席で、僕は「来シーズン限りで引退します」と伝えました。1年やってみて立ち位置が分かりましたし、自分の力量とこれから出てくる選手の力量を考えると、若手を積極的に起用したほうが絶対にチームのプラスになる。もう主力としてやれるわけもないので、そこに未練はありませんでした。その時点で「完全燃焼」できていたのだと思います。

引退を決めた理由はもう一つ。これはいろいろなところで話していることですが、選手たちの成長を「うれしい」と感じるようになったことです。

兼任コーチという立場で選手といろいろな話をし、また見てきた中で、だれかが力を発揮してくれたり活躍してくれたりすると、純粋にうれしいと思えました。その感覚はオリックス1年目からあり、もう自分はマウンドに行かなくてもいい、行くのが怖い、とさえ思っていましたからね。

オリックスにはもともと能力の高い投手がたくさんいました。ただ、チームとしてうまく機能せず、僕が入る前は2年連続最下位。14年に2位になって以降、ずっとBクラスでした。ただ、僕自身そこまでオリックスの選手たちのことを知らなかったので、40歳を超えているとはいえ、まだまだ戦力として働けるだろう、コーチ兼任ではあるけれど、選手としても拾ってもらった恩返しはできるだろうと思っていました。

ところが……。

「あれ？　自分がいなくても大丈夫だな」

1年目のキャンプで気づいてしまったのです。そこからのスタートだったので、1

年目のシーズンを終えて「引退」を決断したのは自然なことでした。

その年限りで引退せず「あと1年」としたのは、球団から「来年も戦力として考えている」と言っていただいたからです。拾ってもらった身としては、その気持ちに応えたいと思いましたし、恩返しもしたい。1年目は選手に比重を置いていましたが、2年目はもう少しコーチ寄りの立ち位置で、それでも「行け」と言われればいつでも投げられる準備をして、選手としても役に立ちたいと考えていました。

22年は引退へのカウントダウンの年となりましたが、キャンプインも開幕も、いつもと変わらない気持ちで迎えることができました。それはシーズン中も同じ。チームは最後まで優勝争いをしていましたから、僕の引退なんて正直、どうでもよかった。引退試合やセレモニーもお断りしていたくらいです。もともとそういうところで目立つのが好きではなかったですしね。

でも、球団は「そういうわけにはいかない」と。18年現役でやってきた僕への配慮もあったでしょうし、それ以上に「ファンのために」というのが大きかったと思います。断り切れずに、引退試合は9月30日のホーム最終戦、対千葉ロッテと決まり、試合終了後にセレモニーをしていただけることになりました。本音をいえば、最後の最後まで遠慮したい気持ちでしたが。

中嶋監督の第一声──「ほんまにやめんの？」

「引退」を一番に伝えたのはもちろん家族です。でも、ほかにも自分の口で伝えた人はたくさんいました。タイガースの後輩たちには交流戦のときに。先輩では金本知憲さん、下柳剛さん、桧山進次郎さん、片岡篤史さん（現・中日二軍監督）、赤星憲広さん……みなさん、「よう頑張ったなあ」と言ってくださいました。僕がもがいていた時代を知っているからでしょう。

オリックスの中嶋聡監督とは9月にお話ししました。前年オフに球団に意向を伝えていたので、当然、監督の耳にも入っていたはずですが、直接ごあいさつしたくて時間をつくっていただきました。

「ほんまにやめんの？」

それが監督の第一声でした。続けて……。

「もっとあがけ！」

意外な言葉でした。まさかそんなことを言われるとは思ってもみなかったので。素直にうれしかったですね。僕は周りの選手から「その年齢とは思えない動きをしている」とずっと言われてきました。もしかすると、中嶋監督も僕に対してそういう印象を持っていて、「あがけ」と言ってくださったのかもしれません。

監督とは引退試合についても話しました。投げるとしたら2アウトランナーなしの場面で、と。ところが実際は、2対2の同点で迎えた8回表、イニングの頭から。全然、話が違いました。

9月30日といえば、福岡ソフトバンクとのし烈な優勝争いの真っただ中。試合開始前時点でソフトバンクの優勝マジックは2でしたから、オリックスは残り2試合を1つも落とせない状況でした。

「僕は投げられなくても全然いいので、無理しないでください」

監督にはそう伝えていたのに、まさかの大事な場面で出番が回って来ました。

「本気で言ってます?」

ブルペン担当の厚澤和幸コーチに名前を呼ばれたとき、思わず聞き返したほどです。

〝打者一人限定〟ということは決まっていたので、ツーアウトなら、もしヒットを打たれても次のピッチャーが頑張ってくれれば終わります。でも、イニングの頭となると話は別。僕が先頭打者を出せば、次のピッチャーはノーアウトでランナーを背負ってのマウンドになります。

チームとして負けられない一戦なのはもちろん、後ろのピッチャー……阿部翔太が投げることになっていたのですが、彼に迷惑をかけられないという気持ちも強かったですね。僕がマウンドに上がった時点で、ただでさえ球場の雰囲気がいつもの試合とは違う独特のものになるのに、ランナーまで出してしまったら、それこそ申し訳ないですから。

バッターは千葉ロッテの四番・安田尚憲選手。僕は全球ストレートを投げて、カウント1－2から空振り三振に打ち取りました。思ったよりボールが沈んでくれたのが逆によかった。〝沈む〟というといいボールのように聞こえますが、〝垂れて〟いたのです。

145キロの渾身《こんしん》のストレートを投げ込んだのに、ツーシームではなくフォーシームの握りをしていたのに、最後めちゃくちゃ沈んだ、というか、垂れた……。

「ボールってこんなに垂れるんや」

18年間の現役生活、最後の一球。渾身のストレートを投げ込んだ

それが正直な感想でした。キャッチャーの若月健矢も「めっちゃ落ちました」と。描いていたイメージに体がついてきていなかったんでしょうね。最後の最後に新しい球種が誕生しましたが（笑）、引退して正解です。

マウンドまで来てくださった中嶋監督にボールを渡して、僕の現役ラスト登板は終わりました。

実はこの日の試合前、僕はベンチ前の円陣で「声出し」をしていました。野手が試合前のシートノックを終えてベンチに帰ってきたときにやる、アレです。ふだんは選手が持ち回りで担当するのですが、シーズン終盤になってだれの発案だったか、「雰囲気を変えて首脳陣で回そう」となっていました。そして、あの日は僕がすることに。「残り2試合、まだ優勝の可能性も十分あります。一個一個、選手はできることがたくさんあります。打線としてつないで、さらに今日は僕が投げるので、なんとかいい舞台をお願いします」

声出しは、それがプロ18年目で初体験。最初で最後と思っていたら、もう一回やるハメになりました。日本シリーズ第3戦の試合前にブルペンを見ていたら、中嶋監督に「今日、声出しな」って。

22年、東京ヤクルトとの日本シリーズ第3戦。試合前に声出しをする

監督がメンバー表を交換して帰ってきたときにも声出しがあり、そこでは監督が一声かけるのが通例なのですが、なぜか僕にやれと。中嶋監督は人をイジるのが大好きなのです。無茶ぶりをして困った顔を見るのが。突然のご指名で、その日は何を言ったかも覚えていません。

引退スピーチは糸井式ではなく福留式で

話を引退試合に戻します。マウンドを降りてからは、セレモニーでするスピーチのことが頭から離れませんでした。

「引退セレモニーなくていいのにな。このまま終わってくれないかな」

この期に及んで、まだそんなふうに思うくらい嫌でした。ガラじゃないのでね。でも、もう逃げられない。用意した原稿を何度も何度も復唱していました。

スピーチは原稿を見ずにするつもりでした。中日の福留孝介さんと阪神の糸井嘉男の引退セレモニーを見ていたのですが、福留さんは何も見ずに話しておられた。糸井は……まあ見るだろうなと思っていたらその通りでしたが、僕も福留さんと同じように何も見ずに話さないといけないと思ったのです。

変なプライドもあったかもしれませんが、読むより覚えて話したほうが思いが伝わる気がして。結構、長いスピーチを考えていましたが、話す項目の順番さえ覚えておけば、あとは自然と出てくるだろうと思っていました。ところが……。

みなさんご存じのように、スピーチの途中で頭が真っ白になりました。

「ちょっと飛びました。なので、紙見ます」

ポケットから出した紙を落としてしまったので、相当あせっているように見えたかもしれませんが、実はそうでもありませんでした。セリフが飛んだときは紙を見ようと決めていたので。

それより困ったのは、印刷した原稿の文字が小さくて、自分がどこを話していたのか分からなかったことです。結局、項目をいくつか飛ばしてしまいました。途中で気づいてなんとか戻しましたが、やっぱりガラじゃなかったですね。

今思えば、バックスクリーンのビジョンに原稿を流してもらって、僕はそちらを向いてスピーチすればよかった。聞き取れなかった人はビジョンを見れば分かりますし、僕が言うべきことを忘れて沈黙することもない。カメラは僕の顔を映しているので、テレビやインターネット配信で見ている人は原稿を読んでいるとは思わないでしょう。これ、来年からスピーチする選手にオススメです。

客席を埋めた「26」と「14」の背番号

引退試合には阪神の後輩たちも駆けつけてくれました。岩貞祐太、岩崎優、伊藤将司、梅野隆太郎、坂本誠志郎、大山悠輔は一緒に自主トレをしていたメンバー。ほかにもたくさん。阪神球団が京セラドームの部屋（ビスタルーム）を取ってくれたみたいです。選手たちが来られるように。ありがたいですよね、僕のために。あらためてお礼を言いたいと思います。

そして福留さん、新井貴浩さん（現・広島監督）、藤川球児はビデオメッセージを送ってくれました。だれのメッセージが流れるか知らなかったのですが、あんなふうにたたえてもらって、うれしいような、恥ずかしいような。新井さんはなぜか最後、水本勝己コーチへのメッセージで締めくくっていましたが、それもまた新井さんらしいですよね。

鳥谷敬の花束贈呈は知っていました。共通の知り合いに引退報告をしたとき、「鳥谷さんも引退試合に行くみたいですね」ってネタバラシしちゃって。サプライズではなかったけれど、わざわざ時間をつくって来てくれたトリにも感謝です。

最後は場内一周。お客さん一人ひとりの顔は見えませんでしたが、ユニフォームは見えました。オリックスの「26」番のユニフォームはもちろん、阪神の「14」のユニフォームを掲げてくれている方もたくさんいて、本当にうれしかったです。ありがとうございました。しっかり目に焼きつけました。

「悔いなくやり切った」というすがすがしい気持ちだったので、引退試合もセレモニーも涙は出ませんでした。阪神で終わっていたらそんなふうには思えなかったでしょう。拾ってくれたオリックスには本当に感謝の気持ちでいっぱいです。おかげで笑顔でユニフォームを脱ぐことができました。

43歳まで続けられた理由1

いかに走り、投げ込むかを考えた

なぜ43歳まで現役を続けられたのか？

パッと思いつく理由は２つ。しっかり走ってきたことと、めちゃめちゃ投げ込んできたことです。時代と逆行しているかもしれませんが、僕はその２つをずっと続けてきました。

走るといっても、ただ長い距離を走る、本数を多く走る、というだけでは意味がありません。いかに全力で走れるかがポイントです。全力で走るにはしっかり準備していないとケガをしますから、準備も大切。スポーツ選手としてそこをおろそかにすると、長くはプレーできません。

投げることに関しても、僕はしっかりやってきたつもりです。阪神に入団したときは岡田彰布監督だったのですが、春季キャンプでは１５００球以上がノルマ。休みもあれば試合もあるので、一日２００球くらい投げる日をつくらないと達成できません。僕は晩年もキャンプでは１０００球以上を目安にしていました。

オリックス1年目のキャンプで、僕が初日にブルペンに入ったことがスポーツ紙に取り上げられました。僕にとっては毎年恒例のことでしたが、コーチ兼任の41歳のオッサンが?!　ということだったのでしょう。

第1クールは3日連続でブルペンに入りましたし、1カ月トータルの球数もリリーフ陣で僕がダントツに多かったので、ほかの投手に驚かれました。「また投げるんですか?」って。

今までそんなピッチャーを見たことがなかったのでしょう。オリックスの投手陣はあまり投げ込みをしないと聞いていました。球団としては、僕に手本になってほしいという思いもあったようです。

ただ今の時代、強制はできません。僕の投げ込みを見て、何かを感じて投げる分には伸びると思いますが、必要性を感じていない選手がいくら投げても身になりません。

そもそもキャンプは疲れるものです。キャンプのときしか投げ込みはできませんし、僕は投げることで肩をつくり、体に覚えさせるタイプだったので、それが当たり前だと思っていました。

でも、オリックスにはそういう投手がいなかった。たとえば、エースだった金子千尋投手（現・北海道日本ハム特命コーチ）はあまり投げ込みをしなかったそうですが、抜群の成績を残していました。それを見た若手は「あれでいいんだ」と思ってしまったのかもしれません。

山本由伸もそんなに投げません。その代わり遠投はものすごくやっていますし、「オフのほうが休めない」と言うほど練習しています。そこを見ずにブルペンで投げ込みをしないところだけマネするのはどうかと思いますよね。そこに至った経緯を考えないと。

人はそれぞれ体が違い、能力が違い、考え方が違う。同じことをやって同じ結果が出るわけではありません。共感できる部分はすればいいけれど、いろいろな人を見て、感じて、自分に必要なものを見極める目が必要です。

僕はコーチ兼任でしたが、若いピッチャーに投げ込みを指示したことはありませんでした。僕が投げるのを見て、何かを感じる選手がいればそれでいいと思っていたからです。

「長くやっている人はあんなふうに投げるのか」

「あんな調整法もあるのか」

その感覚が大切。「あの人はあの人」と思うなら、それでもいい。プロの世界は一軍で活躍してナンボ。僕より成績が出ていない選手がやらなければどうなるか……。

43歳まで続けられた理由2

繊細すぎず「鈍感」でいられた

43歳まで現役を続けられた要因には「鈍感」というのもあったと思います。

僕は阪神でもオリックスでも、体の〝張り〟を取るためのマッサージを受けたことがほとんどありません。オリックスのトレーナーから「いつするの?」と聞かれたほどです。

最年長の僕がトレーナー室に行かないのが不思議だったのでしょう。選手に最高のパフォーマンスを発揮してもらうのがトレーナーの仕事ですから、その声かけは当然ですが、タイガース時代に気づいたんですよね、やらなくていいって。

リリーフに回ってからは、毎日ストレッチをしてもらいましたし、連投して張りがひどければそれを取るマッサージもしてもらいました。でも、それは投げるための準備にすぎない。キャッチボールをすれば分かるんです、「これくらいの張りなら問題ない。ピッチングに影響しない」というのが。

張りも蓄積するとケガのリスクが高くなりますが、「張ったからマッサージする」という発想は嫌でした。いつもと違う、よくない張り方をした場合は別として、この練習をしたからこの張りが出た、と分かるものであれば、マッサージは必要ない。だって当たり前じゃないですか、動いたんですから。動けば筋肉痛になるものです。あくまで僕は、ですが、筋肉痛ではないときと、多少筋肉痛があるときで、パフォーマンスに差はありませんでした。それが最初に言った「鈍感」ということなのですが、それならマッサージは必要ない。

繊細になりすぎると、ちょっと張っただけでも気になるので、そのほうが嫌でした。タイミングよくトレーナーにほぐしてもらえないと、不安な気持ちのままマウンドに上がらないといけませんし、それでいいパフォーマンスができないというのは違うかなと。

毎日飲んでいたら効かなくなる痛み止めの薬と一緒で、トレーナーの〝手〟に慣れてしまうと効果が薄れそうですしね。何が正解かは分かりませんが、僕はそう考えていました。

似たようなタイプだったのはトリ（鳥谷）です。彼もほぼトレーナー室に行きませんでした。もともとの体の強さもあったでしょうが、毎試合フルイニング出場していてですから、すごいと思います。

打撃投手をして本当によかった

引退試合を無事に終えた僕は、「これでもう投げなくていい」と思っていました。でもある日、監督室に呼ばれたのです。

「CS（クライマックスシリーズ）どこで投げる？」

またしても驚きの発言です。

「いらないです。もういいです」

僕はそう答えました。

「クライマックスはほんまにやめてください」

CSは緊張します。2位や3位で臨むときは、もちろん勝ちに行きますけど、「日本シリーズに行ければラッキー」くらいに思えます。でもリーグ優勝したからには絶対に負けられない。そういう意味では日本シリーズのほうがまだマシなので、「日本シリーズに行ったら、村上（宗隆）のところでお願いします」と言っておきました。

日本シリーズで起用されることはないだろうと思って言ったセリフでしたが、第5戦はベンチ入りしていたのでヒヤヒヤしました。前年の東京ヤクルトとの日本シリーズ第6戦（21年11月27日＝ほっと神戸）で僕が村上を抑えたこともあって、展開によっては本当に指名されかねなかったからです。中嶋監督ならあり得ました。

監督の思惑とはズレていたかもしれませんが、僕の中では「9月30日で選手生活終わり」という感覚だったので、ほかのことでチームに貢献したいと思っていました。それが打撃投手です。

クライマックスは3勝1敗、1位のアドバンテージ1勝を加えて4戦で勝ち上がることができました。日本シリーズ初戦まで1週間。レギュラー選手はいいとして、控え選手の中には実戦間隔が空きすぎる選手が出てしまいます。

生きた球を見るにはフェニックス・リーグに参戦するしかなく、でも開催地は宮崎で行くだけでも大変。そこで打撃投手を買って出ました。控え選手の手助けになるのなら、と。専門スタッフはいるけれど、僕のほうが現役に近いし、球も速い。目慣らしにはちょうどいいだろうと思って打撃コーチに提案すると、「助かる」と歓迎してくれました。

ただ、控え選手全員に投げてあげられるわけではありません。打撃練習は2人ずつ複数組で行うのですが、僕が投げられるのはその中の1組だけ。日本シリーズまでに確か3回投げましたが、ずっと僕の組に入っていたのが太田椋でした。打撃コーチが、ヤクルトの先発が左投手のときのスタメン起用を想定していたのだと思います。

めっちゃ打たれました。いとも簡単にスタンドイン。僕のボールと相性がよかったのかもしれませんが、一軍とファームを行ったり来たりしていたシーズン中とは明らかに違いました。ちょっと雑なところがあったのに、それがなくなり、打席での雰囲気自体が全然、違ったのです。

「試合でも打つな」

直感的にそう思いました。でも、日本シリーズではなかなか出番がなくて。4戦目からはスタメン起用されましたが、ヒットは出ても一発がない。僕は太田に「いつホームラン打つの?」と何度も聞きました。「絶対に打てるよ。打てる雰囲気持ってるよ」と。

打てそうにない選手には、お世辞にもそんなことは言いません。僕も長くやってきていろいろなバッターを見てきましたが、あのときの太田は打てそうな雰囲気がものすごくありました。絶対に活躍できると思ったからこその声かけです。

本人も手応えを感じていたのでしょう、「もうちょっと待ってください」と答えてくれました。すると……。

オリックスが日本一へ王手をかけて迎えた第7戦（10月30日＝神宮）。一番でスタメン起用された太田は、なんと初回先頭打者初球ホームラン！　サイスニード投手の低め真っすぐをとらえて、見事にバックスクリーンへたたき込みました。「初回先頭打者初球本塁打」は日本シリーズ初の快挙だったそうです。

「打ちましたよ」

笑顔で報告に来てくれました。僕が打撃投手をしたことが少しでも役に立ったのだとしたら、本当によかった。やってよかったと心から思えました。

打撃投手の役割は「気持ちよく打たせること」。でも僕は打たせるつもりはありませんでした。実戦感覚を取り戻してもらうためにやったことですし、ストレート一本で勝負していました。そのボールを余裕で打たれたのですから、引退して正解だったと、そのときも思いました。

野球の神様っているのかもしれない

中嶋監督の下、チーム一丸となって戦ったオリックスは、第4戦から4連勝で日本一に輝きました。

現役ラストの2年間、優勝と日本一を経験できた僕は本当に幸せ者です。一人の力では決してたどりつけない頂《いただき》——。長丁場を総力戦で戦っていく中にはいろいろなドラマがあるのですが、だからこそ、とてつもない重みがあります。

それを経験してユニフォームを脱ぐのと、未経験のまま脱ぐのとでは全然、違う。温かく迎えてもらったので、緊張も戸惑いもありませんでしたし、最後の2年間、オリックスで野球ができたのは、僕の野球人生にとってとても大きな財産となりました。

野球を適当にやっていたらそうはならなかったでしょう。ちゃんと向き合ってきてよかったと、心の底から思えました。野球の神様っているのかもしれません。最後に、長くやってきたご褒美をもらいました。

第2章

気づきを転機に——アマチュア時代

ヒントをキャッチし何を感じるか

小学校3年生で本格的に野球を始めて、43歳で引退するまで、いい時ばかりではありませんでした。むしろつらいこと、苦しいことのほうが多かったかもしれません。それでも野球をやめたいと思ったことは一度もない。それくらい野球が好きでした。「好きこそ物の上手なれ」とはよく言ったもので、好きだからこそ長続きするし、上達もします。子どもたち、いえ、すでに大人になっている方たちにも、心の底から「好き」と思えるものを見つけてほしいと願っています。

とはいえ、好きという気持ちだけですべてを乗り越えられるわけではありません。人生にはいくつかの「転機」があり、そのきっかけとなる「何か」に気づけるかどうかが、その後の人生を大きく左右するのではないでしょうか。

僕の野球人生にも、振り返るといくつかの転機がありました。そして、そこには必ず「ヒント」をくれた人物がいます。「答え」をもらったのではありません。あくまで「ヒント」です。

同じことを言われても、同じものを見せられても、そこから何を感じ取り、どう行動するかは人それぞれ。いろいろな分野で成功している人たちは、そのヒントをキャッチするアンテナの感度がよいのではないでしょうか。そして、そこで得た気づきをポジティブな行動につなげられるのだと思います。

もちろん、運や巡り合わせもあるでしょう。でも、運を味方につけるには、最初のヒントを見逃さないことが大切。そういう意味で、僕のアンテナの感度もまあまあよかったのかな。

長い野球人生の中で、僕がどのような気づきを得て、どう考え、どう行動したのか。そのことをお話しする前に、まず野球との出合いについて幼少期を振り返ってみたいと思います。

子どものころは巨人ファン

小さいときからとにかく野球が大好きでした。警察官だった父は高校まで野球をやっていて、僕と4歳上の兄、6歳下の弟が所属することになる少年野球チームの監督やコーチをずっとしていました。でも、父から「野球をやれ」と言われたことは一度もありません。野球に限らず、何かを〝させられた〟記憶は一切なく、自由奔放に育ててもらいました。

気がつけば野球を好きになっていた、という感じです。父は経験者なのに僕たちとはキャッチボールもしませんでしたし、チームに入ってからも指導はほかのコーチに任せていました。あえて距離を取っていたのかもしれませんね。息子だから〝叱られ役〟ということもありませんでした。

野球に関して父に言われたことで覚えているのは、「ピッチャーをやるなら、風呂の湯の中で手首を回すことと、〝グーパー〟をするといい」ということくらい。それは続けていたと思います。

能見家ではいつも、テレビの野球中継を見ながら夕食をとっていました。映っていたのは巨人戦。僕は兵庫県出身なので、阪神のホームゲームも必ず地上波で放送されていましたが……そう、僕は巨人ファンだったのです。

1979年生まれの僕の幼少期といえば、巨人がとても強かった時代。投手陣は斎藤雅樹さん、桑田真澄さん（現・ファーム総監督）、槙原寛己さんのいわゆる「先発三本柱」が全盛で、よくモノマネをしていました。ほかにも左投手の宮本和知さんや近鉄の阿波野秀幸さん（現・巨人投手チーフコーチ）、赤堀元之さんなんかのモノマネも。今もやればできると思います。

近鉄の試合もよく見ていました。週末のデーゲーム。昼に近鉄戦を見て、夜は巨人戦、というのが土日のよくあるパターンでした。近鉄にはラルフ・ブライアント選手やジム・トレーバー選手がいて、しょっちゅう乱闘していた記憶があります。

阪神戦は……巨人戦がないときに見る程度でしたね。当時の阪神は弱くて、テレビ画面に映し出される甲子園球場のスタンドは、巨人戦以外ガラガラ。子どもにはあまり魅力的に映らなかったのです。

85年のリーグ優勝、日本一のときは6歳でしたから、ふつうなら覚えていてもおかしくないのですが、それも正直、記憶にありません。どちらかといえば、日本シリーズを戦った西武のほうが印象が強い。打線がすごかったですよね。石毛宏典さんや秋山幸二さん、伊東勤さんがいて。野球ゲームでも巨人と西武の選手をよく使っていました。

関西に住んでいながら阪神にまったく興味のなかった僕が、大人になってタテジマのユニフォームを着ることになるのですから、不思議なものです。

一人、道具の準備をするのも大好きだった小学生時代

野球は見ることから入りましたが、物心がついたころには壁当てをして遊んでいました。一人で〝実況〟しながらやっていましたね。壁に石でストライクゾーンの四角を描いて、アウトカウントやランナーを想定して。

「ノーアウト、ランナー二、三塁。ピッチャー能見、投げました!」

最後は必ず満塁の場面で三振を取って試合終了。イメージトレーニングも大切です。

小学校の野球チームには3年生からしか入れませんでしたが、僕は1年生のころからグラウンドに行って、外野でボール拾いなどをしていました。学校から帰るとカバンを置いて、すぐまた学校へ。練習に参加できなくても、そこにいられるだけで幸せでした。

上級生たちは小さいのがチョロチョロしていてうっとうしかったかもしれませんね。「また来た」みたいな雰囲気がありました。でも、そんなことは気にならない。低学

年で来ているのは僕だけでしたが、とにかく楽しくて、楽しくて。3年生になると迷わずチームに入りました。

正式なメンバーになった僕の練習開始は、いつも道具の準備から。全体練習がスタートする1時間半くらい前にはグラウンドに行って、ボール、バット、ヘルメット、ベース……道具をひと通り準備するのです。だれかにやらされていたわけではありません。僕が好きでやっていたこと。その準備を楽しいと思えるほど、野球が好きでした。ほかのメンバーは「ラッキー」と思っていたんじゃないですか。グラウンドに来たときには全部きれいにそろっていたのですから。

ピッチャーを始めたのは4年生くらいだったと思います。左利きで守れるポジションが限られていた、というのが一番の理由。ピッチャーで左は有利ですしね。当時は打たれたりフォアボールを出したりすると、マウンドで泣きながら投げていました。負けず嫌いというより、野球が好きすぎて、うまくいかないことが悔しくて仕方なかったのです。

転機1

「鳥取城北高校を受けてみないか」と中学の先生に言われる

そんな純粋な野球少年も、中学に入ると少し変わってきました。思春期だったこともあり、野球以外にも興味が行って、熱が少し冷めてしまったのです。好きは好きでしたが、純粋さはなくなって、本当に真剣に向き合っていたかといえば、そうではなかったような……。

かといって、勉強をまじめにしていたわけでもなく、気がつくと、行ける高校がなくなっていました。ふつうにやっていれば地元の高校に行けたはずなのに、僕はそのレベルに達していなかった。面談で先生に言われたときはショックでしたね。野球熱が冷めていたとはいえ、やめるつもりはありませんでしたし、地元の高校で続けるつもりでしたから。

中学の野球部はメンバーがそろっていて結構レベルが高く、県大会にも出場したことがありました。僕はそこの一応、主力投手。でも田舎の中学校ですから、強豪校の監督が見に来てくれるわけではありません。こちらから「セレクションを受けさせてください」とお願いしないといけない立場です。

同級生に実力が飛び抜けているピッチャーがいました。彼は右投げで僕が左投げ。両輪として試合で投げることが多く、プライベートでもよくつるんでいたのですが、僕と同じであまり成績がよくなくて……。やっぱり地元の高校に行くのが難しかったらしく、「野球部のセレクションを受けるから一緒にどうか」と誘ってくれました。

2人で神戸弘陵高校と東洋大姫路高校のセレクションを受けました。どちらも甲子園出場経験のある兵庫の高校です。

「ぜひ来てください」――友人は両校からそう言われ、神戸弘陵に行くと決めました。でも僕への反応は芳しくなく、「来たかったら来てくれていいですよ」といった感じ。これでは決められません。

そんなとき、中学の先生から提案がありました。

「鳥取城北高校を受けてみないか」

正直、知らない高校でしたが、結果的にこの言葉が僕にとって大きな〝転機〟となりました。

今度は一人でセレクションを受験。「ぜひ来てください」と言ってもらい、僕は決心しました。やっぱり、こういう評価はうれしいですよね。

鳥取城北はその時点で甲子園に出たことが一度もなく、お世辞にも強いとは言えませんでした。ただ、僕は試合に出られることが最優先だったので、その意味では「ちょうどいい高校」と言えました。

実際に行ってみると、関西の中学から「野球留学」で流れてくる選手が多く、ボーイズやシニアでの硬式経験者もたくさんいて、レベルは結構、高かったですね。僕も一応、関西人ですが、出身地の出石町（現・豊岡市出石地区）は兵庫県の北東部に位置していて、言葉も関西弁とはちょっと違う。どちらかといえば山陰地方寄りの言葉なので、コテコテの関西弁を話す先輩たちは正直、少し怖かったです。

洗濯が好き――先輩にかわいがられた理由

中学の先生の言葉が転機になったと書きましたが、それは知っている人がだれもいない鳥取で、想定外の寮生活をすることになったから。もともと地元の高校へ行くつもりだった僕にとっては、考えてもみなかった場所で、何も分からないところからのスタートでした。

地元に残っていれば、あと3年は親元にいられました。身のまわりのことは全部、母親がやってくれますから、自立心が芽生えることもなかったでしょう。でも寮に入れば「自分のことは自分で」が原則。鳥取城北へ行って、人としても野球人としても大人になれた気がします。

「行くからには、しばかれようが、理不尽なことがあろうが、絶対に3年間、野球を続ける」

そう覚悟を決めて、95年春に入学しました。

運動部では、いわゆる「理不尽なこと」も珍しくなかった時代。先輩から目をつけられたり、連帯責任でペナルティーがあったり……。幸い、僕は先輩方にかわいがってもらえたので、理不尽と感じることはありませんでしたが、同級生は30人くらい入部して、最後は半数程度になりましたから、いろいろあったのかもしれません。

なぜ僕は先輩にかわいがられたのか？　考えられる理由の一つは〝洗濯〟です。

僕、洗濯が好きなので、先輩の洗濯を途中から勝手にすることがよくありました。

当時使っていたのは二層式の洗濯機。すすぎは終わっているのに水が出しっぱなし、ということもよくあり、それを見つけると、水を止めて脱水し、たたんでカゴに入れて先輩の部屋に持って行っていたのです。みんな、部屋に洗濯物を干していましたからね。

点数稼ぎでやっていたわけではありません。ほんの〝ついで〟のつもりだったのですが、先輩にはかなり喜ばれたので、僕の評価は上がったようです。

相撲部との夕食で丼めし3杯の苦行

高校3年間は本気で甲子園を目指して、野球にストイックに取り組みました。よく走りましたね。学校から鳥取砂丘まで3キロ以上あるのですが、走って行って、砂の坂道を走って、また走って帰るという、鳥取ならではの練習もしていました。

高校のグラウンドはセンターに体育館、レフトとライトに校舎があって狭く、試合はできませんでしたが、ネットが張られていたので、80メートルくらいしかないセンターも、練習中の打球で窓が割れるようなことはなかったと思います。一応、照明も設置されていたので、遅くまで練習した日もありました。

1年生の秋から背番号「1」を背負わせてもらい、試合に出る喜びもたくさん味わうことができたので、本当に楽しい3年間でした。でも、一番印象に残っているのは、実は野球のことではなくて……。

鳥取城北といえば相撲部が有名で、全国大会で何度も優勝しています。顧問はめちゃくちゃ怖いと評判の保健体育の先生。その先生の授業では、生徒がみんなピシッとすると言われていました。同じクラスに相撲部員が数名いましたが、体中傷だらけで、よく顔を腫らしていた記憶が……。稽古はかなり厳しかったようです。

ある日、野球部の監督からこんなことを言われました。

「1週間、晩ごはんは相撲部の顧問の先生の家に食べに行け」

野球部、柔道部、体操部は合同の寮でしたが、相撲部は顧問の先生の自宅で下宿生活を送っていたのです。そこで晩ごはんを食べて来いと言う。僕がすごく細かったので、「アイツの体をデカくしなきゃいけない」と、監督と相撲部の先生が相談したようです。

それからの1週間は苦痛でしかありませんでした。最低ノルマだった丼めし3杯をなんとか胃袋に流し込みましたが、能見家はもともと食が細い家系。それはもう修行？　苦行？　です。相撲部員の漫画みたいなてんこ盛りに比べれば、僕のごはんはまだマシでしたが、ワイワイ言いながら食べるわけでもなく、いわば〝黙食〟のような状態ですから、夕食の時間が憂鬱《ゆううつ》で、憂鬱で。

監督はいつまでたっても大きくならない僕をなんとかしてくれようとしたのでしょうが、たった1週間で体が大きくなるはずはありません。それどころか、食べられない人間にとって食べることは苦痛を伴うのです。先生、すみません、あれはありがた迷惑でした（苦笑）。

甲子園には届かず泣いた

中学時代に少し熱が冷めたと書きましたが、高校で再燃しました。子どものころの純粋さとは違ったかもしれませんが、「甲子園」という明確な目標ができたことで、野球と真剣に向き合った3年間。ただ、残念ながら甲子園には一度も行けませんでした。「あと一歩」までは行ったのですが……。

高校2年の夏の県大会は2回戦以降、優勝候補ばかりと当たる厳しいトーナメント。

なんとか勝ち上がって決勝に進出しましたが、甲子園出場を懸けた大事な一戦に僕は先発できませんでした。連投の疲れで肩が本調子ではなかったのです。八頭高校に4点リードを許した5回途中からマウンドに上がりましたが、9回にダメ押しの2点を献上して0対6で敗れました。

泣きましたね。一つ上の先輩にはすごくよくしてもらっていたので、その先輩たちと甲子園に行けなかった悔しさと、もう一緒に野球ができないんだというさみしさで。とても投げられる状態じゃなかったとはいえ、大事な試合の先発を回避した僕にも「来年、頑張れよ」と声をかけてくれて……グッときました。

先輩たちの思いも一緒に挑んだ翌年のセンバツにもあと一歩、届きませんでした。秋の県大会で優勝した鳥取城北は、中国大会で準決勝に進出。勝てばセンバツと言われる豊浦高校との試合に僕は先発しましたが、1点リードの8回二死から走者をためて逆転のランニング3ランを被弾。再逆転はできず、もう一つの準決勝で敗れた岡山南高校がセンバツ出場を決め、鳥取城北は補欠校になりました。「一球の怖さ」を知った試合です。

最後の夏は2回戦で早々と負けてしまいました。鳥取西高校に2対4。春から痛めていた腰が6月末に悪化して、本格的な投げ込みを始めたのは大会1週間前くらいだったと思います。なんとか間に合わせたものの、あっさり敗退。涙で高校3年間が終わりました。

転機2

センバツ4強チームを相手に粘投

1年秋からエースナンバーを着けていたこともあり、県内ではチラッと騒がれることもありましたが、地方の、しかもさほど強くない県の、さほど強くない高校にいると、自分がどれくらいのレベルなのか把握しづらいものです。

そんな中、少しだけ実感できたのは、2年春の中国大会のことでした。初戦の相手は2カ月前の春のセンバツで4強入りした岡山城東高校。その時点の自分の力量を図るにはちょうどいい相手でした。

岡山城東と試合ができる！

それだけでワクワクしました。テレビで見たチーム相手に投げられるのですから。

鳥取の球場で、確か試合開始が16時くらいだったのですが、たくさんの人が応援に来

高校2年時の秋の中国大会。豊浦高校との準決勝（写真）では一球に泣いたが、初戦で岡山城東に勝って春のリベンジを果たした

てくれました。甲子園ベスト4のチームを見たかったのでしょう。

結果は0対5で敗れましたが、ボコボコにやられるんじゃないかと思っていたので、全国レベルのチーム相手に8回まで3失点とゲームをつくれたことはうれしかった。岡山城東の選手たちも「鳥取にこんなピッチャーおるんや」と言っていたと聞いて、自信になりました。今思えば、あの試合も僕にとっての転機になったように思います。

その年の秋、中国大会初戦でまた岡山城東と当たりました。今度は3対2でリベンジ。先ほど書いた通り、準決勝で敗れてセンバツには出られませんでしたが、岡山城東を下したことは、僕の成長につながりました。

卒業後の進路は大阪ガス

いつのころからか、僕は「高校生左腕三羽ガラス」の一人になっていました。あとの2人は茨城・水戸商業高校の井川慶(元・阪神ほか)と、京都・平安高校(現・龍谷大平安高校)の川口知哉(元・オリックス)。そう呼ばれるのは素直にうれしかったですね。

「どこに載ってる？　どこに載ってる？」

野球雑誌も普段は見ることがありませんでしたが、自分が取り上げられていると分かると本屋へ買いに行きました。井川のことも川口のこともよく知らなくて、本を見て「こんな選手がおるんや」という感じでしたが、日本にどれだけいるか分からない高校生左腕の中で、三本の指に入れたことは大きな喜びでした。

ただ、そんなふうに注目されても、卒業後すぐにプロへ行こうとは思いませんでした。漠然としたあこがれはありましたが、高卒でプロ入りしても試合には出られないだろうな、と思っていたのと、まだ気持ちがふんわりしていて、「絶対にプロへ行く！」という強い意志はなかったからです。行くなら段階を踏んで、と考えていたので、第一の選択肢は社会人野球でした。

プロの球団からも話はあったようで、広島のスカウトは僕が1年生のときからずっと見に来てくれていたとか。「あのピッチャーは絶対に壊さないでください」。高校の監督はスカウトの方にそう言われていたと、野球部を引退してから聞きました。広島は僕をドラフト指名するなら3位の予定だったそうです。

大学進学は考えませんでした。また1年生から、というのが嫌で。高校で何かあったわけではないのですが、大学の上下関係は厳しいというイメージしかありませんでした。

実は、早稲田大学は当時の監督がわざわざ鳥取まで来てくれました。ほかにも大阪経済大学など複数の大学から声をかけてもらいましたが、僕の心は揺らがなかった。社会人からもいくつかお誘いがあり、その中から大阪ガスへ行くことを決めました。大きかったのは〝将来の約束〟です。

「もし野球がダメでも定年まで面倒を見ます」

会社の方が実家まで来て、そう言ってくださいました。僕よりも両親が安心しますよね。社会人チームのどこが強いとか、どこが有名とか何も知りませんでしたし、わが家はプロパンガスなので大阪ガスへの思い入れもありませんでしたが（笑）、仕事をしてお金をもらって野球ができるというのは、身の引き締まる思いでした。

高校で親元を離れ、未知の世界へ飛び込む経験をしていたことで、また新たな場所へ行くことになっても大きな不安はありませんでした。そういう意味でも、高校での野球留学は僕にとって大きかったと思います。

「野球部は嫌いや」と言われて

大阪ガスでは修繕を担当する部署に配属されました。ガス漏れなどの通報が入ると、2人組で現場に駆けつけてガス管を直したりするのが仕事です。

危険と隣り合わせのこともありました。5階建ての集合住宅でガスのにおいがすると通報があり、現場に到着すると、確かにものすごいにおいが。すぐに消防と警察に連絡して、周辺住民には避難勧告。大元のガス栓を閉めてから、においが一番強烈だった5階の部屋に警察官立ち合いの下、入ってみると……おじいちゃんが出てきたのです。寝ていたようですが、ずっとガス栓が開いたままで〝シューッ〟という音がしていました。たばこを吸わない方だったからよかったけれど、ライターでもつけようものなら大惨事です。

担当エリアは兵庫県西宮市と芦屋市周辺。本社は大阪市内ですが、野球部の寮とグラウンドは西宮にあったので、阪神、オリックス時代も含め、18歳から今に至るまでずっと西宮暮らしです。

社会人になって一番驚いたのは、大阪の満員電車でした。新人研修の間は毎日、阪神電車に乗って大阪・梅田へ。そこから地下鉄に乗り換えて本社まで行くのですが、通勤ラッシュ時の地下鉄はぎゅうぎゅう詰め。兵庫の田舎と鳥取しか知らない僕は、「何これ、降りられへんやん」と思いながら乗っていました。

ほかにも初めて経験することばかりで、毎日が新鮮でした。あっという間に研修が終わり、職場初日を迎えた朝。ちょっとした〝事件〟がありました。同じ部署の先輩に、面と向かってこう言われたのです。

「野球部は嫌いや」

驚きましたが、冷静でもありました。同期の仲間に「こんなん言われてんけど」みたいな話はしましたけど、特に腹が立つとか、悲しいとか、そういう感情にはならなかった。午前中だけ仕事をして、午後には練習に行ってしまう。試合があれば仕事を休む。そんな同僚を快く思わない人がいても不思議ではありません。

それでもコンビを組んで現場に行くことも多かったですし、ギクシャクしたことはなかったので、仕事は仕事と割り切ってくれていたのでしょう。いつの間にか、その先輩も野球部を応援してくれるようになっていました。

野球はどうだったかといえば、高校時代に痛めていた腰も治り、ある程度、自信を持って臨むことができていました。それだけに、まさか入社5年目まで原因不明の痛みと闘うことになるとは……。

社会人時代の僕は「幻の投手」と言われていました。試合でいいピッチングをして、プロのスカウトやメディアの人が「能見を見に行こう」となるのですが、翌日は「肩が痛い」と言って練習していない。当然、試合にも登板しませんし、能見が姿を消すわけです。新聞や雑誌のカメラマンは「能見の写真が撮れない」と頭を抱えていたと聞きました。

「よく見に行ってるのになあ。大会で見てすぐ会社に連絡して、『明日も試合があるので見に来てください』と言われて行くのに、肩が痛いって出てこない」

当時、僕の担当スカウトだった阪神の山口高志さんが、よくボヤいておられました。

転機3
5年目の最後通告

肩の痛みが出始めたのは社会人2年目の99年だったでしょうか。投げた翌日、必ず痛くなる。でも病院では「炎症」としか言われないし、じん帯などを傷めているわけではなく故障箇所も見つからないので、手術という選択肢はありませんでした。めちゃくちゃ痛いんですよ、投げられないくらい。でもしばらく肩を休ませれば痛みは引くので、また投げる、また痛くなる――その繰り返しでした。

医師の診断は「投げることによる炎症が起きています」。それ以外の原因は不明ですから、僕としてはどうしようもない。メンタル的な問題でもなかったので、体が相当、弱かったのだと思います。だから、人よりも痛みが強く出た。プロ入り後は故障とほぼ無縁だったので、体自体が強くなって克服できたのではないかと自己分析しています。アマチュア時代はケガをしなかったのに、プロに入ってケガばかり、という逆パターンじゃなくて本当によかったです。

社会人5年目までずっとそんな調子でしたが、痛みが引けばまた投げられたので、気持ちが萎《な》えることはありませんでした。ただ、会社はよく我慢してくれたと思います。期待にまったく応えられていなかったのに。

僕が野球を続けさせてもらえた一つの要因は、その状況でもプロが評価してくれていたことでしょう。のちのち聞いた話では、「故障していても獲る」と阪神は言ってくれていたそうです。「ドラフト下位指名になるが、こちらで面倒を見る」と。僕が入団したあと、2009年から一軍投手コーチになられた山口さん本人に聞いた話なので、間違いありません。プロからのこの言葉があったから、会社も「なんとかしてやりたい」と、僕に野球を続けさせてくれたのだと思います。

とはいえ、会社にも我慢の限界はあります。5年目が終わったとき、監督面談で言われました。

「来年ダメなら社業に専念しろ」

いわゆる〝最後通告〟です。来年結果を出せなければ野球人生が終わる……そう覚悟しました。覚悟はしましたが、投げやりにはなりませんでした。もうあとがないと慌てることもありませんでした。

「せっかく獲ってもらったのに、何も恩返しできていない」

僕が考えたのは、それだけ。

学生と違い、お給料をいただいて野球をさせてもらってきたのに、社会人としての責任を果たせていないわけです。大学に進学して同じ状況になっていたら、途中でやめていたかもしれません。でも、自分からやめることは一度も考えませんでした。

何度も書いた「野球が好き」という気持ちも、僕を前に進ませてくれました。

転機4

金属バットから木製バットに

何年でプロに、といった明確な目標があったわけではありませんが、ほとんど投げられないまま3年、4年、5年……と時間だけが過ぎていく。そろそろ危ないかな、と思っていた矢先の通告でした。

「いつつぶれてもいい」

僕は、そう覚悟を決めました。すると、不思議なことに、登板後の痛みがなくなったのです。投げられないときは走るしかなかったのですが、それが功を奏して体が強くなり、ようやく土台ができてきた時期と、覚悟を決めた時期がちょうど重なったのでしょう。期限を切られた通告が転機となり、6年目の03年から面白いように結果が出始めました。

実はその前年、つまり社会人5年目にも外的要因による別の転機がありました。金属バットから木製バットへのルール変更です。4年目の01年まで社会人野球は金属バットだったのですが、これがもう、ヤバいのなんの。1つのアウトがなかなか取れない。詰まった打球が内野の後ろにポトリと落ちたり、バットの先っぽでも簡単にホームランになったり。5点差はワンチャンスと言われるほど大味な試合が多く、ピッチャーにとっては地獄でした。

守備も大変で、打球速度が半端なく速いので、ピッチャー返しの打球が一瞬で通過していく。怖いと思う間もありません。当たったら死ぬだろうなと思うような打球を平気で捕っている（ように見える）ピッチャーのことは、心の底から尊敬しました。

大学生との練習試合は相手に合わせて木のバットを使用したので、楽でしたね。金属バットならヒットになるだろう打球で、ちゃんとアウトを取れましたから。なぜ社会人だけ金属なのかと、いつも思っていました。

持ち球が真っすぐとスライダーだけだったことも、余計に金属バットへの対応を難しくしていたようです。活躍していたピッチャーはフォークのような落ちるボールを持っていて、それがないと通用しないと言われていました。スライダーのような横の変化をする球は線でとらえられるので、バットに当てやすい。当たれば先っぽでもスタンドインするし、そうでなくてもヒットになる確率が高いので、打ち損じが少ないのです。

今でこそ、高校生もたくさんの種類の変化球を投げますが、当時はそうでもありませんでした。スライダーだけでも抑えられましたし、会社の人が実家にあいさつに来てくれるくらい評価も受けていたので、「選ばれし者」としてそれなりの自信を持って社会人に乗り込んだのです。でも、高校生が金属バットで打つ打球とは全然違っていて、僕のちっぽけな自信は見事に打ち砕かれました。

大阪ガスの同期には僕を含めてピッチャーが3人いましたが、僕が一番、金属バットに苦しみました。一人は横手投げという特徴があり、もう一人は縦の変化球を持っていた。オーソドックスなタイプで勝負球と呼べるものもなかった僕は、武器を持たずに金属バットに立ち向かっていたのです。

だから、木製バットになると聞いたときはうれしかったですね。これで勝てる！ とまでは思いませんでしたが、ホッとして気持ちが前を向いたのを覚えています。あのまま金属だったら、僕の野球人生は終わっていたかもしれません。ルール変更1年目は結果を出せませんでしたが、翌年からの変化に大きく影響したのは間違いないでしょう。

僕と同じように、木のバットになったことで救われた投手はたくさんいると思います。逆にバッターでは、「あれ、あんなに打てていたのに」となった選手もいたかもしれません。僕は運を味方にできたということです。

今思えば、登板後の肩の痛みにも金属バットが関係していたかもしれません。とにかく威力がすごいので、対応するために無理な投げ方をしていた可能性があります。打たれたくないという心理から力んだフォームになり、ストライクが入らなくなるという弊害もあったでしょう。結果が出ていない時期は、フォアボールで自滅することもよくありました。高校までは制球難に悩んだことなんてなかったのに、社会人では自信がないから攻めの投球ができず、ただ一生懸命投げているだけだったのだと思います。

思いを背負って投げるプレッシャーを知る

社会人6年目、僕は肩の痛みから解放され、一発勝負の社会人野球の緊張感をようやく味わうことができました。都市対抗や日本選手権が社会人にとってどれほど大切な大会か、ということも知らずに入ってきて、5年目まではピンと来ていませんでした。実際にマウンドに立ち、しびれるような感覚を味わって初めて、「一試合に懸ける思い」を知ることができたのです。

ただ、「やっとこの舞台に立てた！」という喜びよりも、緊張感やプレッシャーのほうが大きかったですね。社会人は〝根性野球〟のようなところがあって、練習はかなりハード。中でも大阪ガスはキツいと言われていて、本当の意味で追い込むので、よくケガをしなかったなと思うほどです。

たとえば、1月に行われる一次キャンプはとにかく走る。投げたり打ったりがない、ランニング中心の地味な練習ばかりです。午前中はずっと走っているので、朝ごはんが一度全部出るくらい……よく7年もやったと思います。あの時代には二度と戻りたくありません。

そんな練習に耐えるのは、すべてトーナメントを勝ち上がるため。その上、会社の思いや社員の思いもすべて背負っているので、重圧は半端ないのです。

「明日、投げるの嫌やな」

先発を言い渡されて、そんな気持ちになったこともあります。でも、その舞台に立たなければ見えなかった景色を見せてもらえたのも事実。チームの一体感や頼りにされているという感覚は、マウンドに上がらなければ分からなかったものです。

社会人野球の一体感は、高校のそれとはまた違うものでした。やはりお金をもらっているというのが大きいのでしょう。責任が違うし、重みが違う。あの感覚を味わえただけでも、社会人に行ってよかったと思います。

そして、あの景色を見せてもらうまでプロに行かなくてよかった、とも。先述の通り、阪神は結果の出ていない段階で僕を〝引き取る〟ことも検討してくれていたようですが、それでは通用しなかったでしょう。たとえバットが木になったとしても、打者のレベルがワンランクもツーランクも上がるわけですからね。抑えた自信も何もない状態でハイレベルな中に放り込まれても、痛い目に遭って終わりだったと思います。

幸い、僕は6年目の日本選手権で2勝を挙げて準優勝に貢献、敢闘賞を受賞することができました。そして7年目には『ハーレム国際大会』の日本代表に選ばれ、日本選手権では2年連続準優勝。準決勝でその後、巨人入りするシダックスの野間口貴彦投手に投げ勝ったことが、スポーツ紙で大きく取り上げられました。

決勝では延長10回一死二塁から3番手で登板し、延長15回に決勝ソロホームランを打たれました。前日の準決勝と合わせて２０５球を投げた末に負け投手となり涙を流しましたが、それも今となってはいい思い出です。

いろいろな経験をした社会人時代。時間はかかりましたが、ラスト2年で自信をつかみ、「プロの世界でどこまでできるのか試してみたい！」という気持ちになってから上のステージへ上がれたのは、本当によかったと思っています。

社会人6年目の2003年日本選手権。準優勝に貢献し敢闘賞に輝いた。写真は決勝での一枚

第3章

気づきを転機に——阪神時代

阪神タイガースに入団

2004年秋、僕は当時あった「自由獲得枠」で阪神タイガースに入団することになりました。声をかけてもらったのは阪神と巨人。もともと巨人ファンだったので巨人のユニフォームを着てみたい気持ちも少しはありましたが、巨人は4巡目指名ということで、阪神にお世話になることに決めました。

実は、阪神も最初はドラフト4巡目の予定でした。自由獲得枠を2つ使うと、ドラフト当日の指名は4巡目以降しかできないルールだったのです。松下電器の岡﨑太一はすでに自由獲得枠での入団が決まっていて、あと1枠の候補として、スポーツ紙などではシダックスの野間口貴彦投手や明治大学の一場靖弘投手、同志社大学の染田賢作投手といった名前が挙がっていました。

でも結局、野間口は巨人、一場は東北楽天、染田は横浜に決まり、僕が〝繰り上げ当選〟のような形に。背景には、その年のドラフトでは巨人が先に4巡目指名をできる、という事情もあったようです。

2004年11月、自由獲得枠で阪神への入団を決めた

同期入団は全部で9人。僕が最年長の25歳で、最年少は15歳の辻本賢人でした。ふつうなら社会人出身で自由獲得枠入団の岡﨑や僕が注目されるのでしょうが、その年の目玉はなんといっても辻本。メディアも連日、彼を取り上げていたので、そういう意味では気が楽でした。

プロ入りに際しては「自分の力を試したい」という気持ちが強く、「1年目から結果を出さなければ」という焦りは不思議とありませんでした。キャンプも「自分のペースでやればいい」と言われていたので、初日、2日目はブルペンでの投球練習をしなかったくらいです。

なんとかアピールに成功し、最初の目標だった開幕ローテーション入りを果たした僕のプロ初登板は、05年4月3日のヤクルト戦（大阪ドーム）。ルーキーが開幕シリーズに先発したのは、阪神では1996年の舩木聖士さん以来9年ぶりのことだったそうです。

結果は4回を投げて5安打5失点。1点リードの3回、相手先発の高井雄平投手にバックスクリーン右へホームランを打たれました。僕の初被安打、初被本塁打はピッチャーからなのです。

のちに野手に転向したほどの選手で、当時からバッティングがいいのは知っていましたが、とはいえ、相手投手に被弾というのは……しかも大阪ドームのバックスクリーン横にたたき込まれましたからね。2ストライクと追い込んでからのスライダーだったのですが、高めのボール球を見事にとらえられました。

彼は読めないバッターで、ふつうの打者なら凡打になるコースをヒットにされました。いわゆる〝悪球打ち〟のタイプ。ピッチャー心理として、追い込んでからストライクゾーンに投げる意識はまずないのですが、ストライクからボールになる球をヒットにされていました。

投手時代を含めても被打率は3割を超えています（38打数12安打）。節目節目で打たれた記憶があります。東京ヤクルトが14年ぶりの優勝を決めた試合（15年10月2日＝神宮）で、延長11回裏に雄平選手にサヨナラヒットを打たれたのは僕です。

屋根があるドーム球場にはテンションが上がった

僕のプロデビュー戦はどうなったかといえば、宮本慎也さんにもホームランを打たれて、4回までに5失点。ふつうなら負け投手になるところでしたが、打線が4回裏に6得点してくれ、初黒星を免れました。

初勝利は登板4試合目の横浜戦（4月24日＝横浜）でしたが、より印象深いのは札幌ドームでの初完投勝利です（5月8日、対北海道日本ハム）。9回に1点を失い完封は逃しましたが、前日の試合でリリーフ陣をつぎ込んでいたので（7人の継投で延長12回サヨナラ負け）、1人で投げ切れたのは大きかったと思います。

ルーキーイヤーの僕は日曜日毎に先発していましたが、それはイニングを計算できないピッチャーだったから。翌日に試合のない日曜日であれば、早めに降板してもリリーフをつぎ込めます。まだ信頼されていない投手は日曜日の先発が多いのが、プロの世界では慣例なのです。

そんな僕が日曜日の試合で、チームにとってのシーズン初完投勝利を挙げたのですから、うれしい誤算だったに違いありません。

その試合が印象に残っているもう一つの理由は、ドーム球場だったことです。社会人野球では都市対抗や日本選手権など特別な試合しかドーム球場を使いません。ほかは全部、屋外なので、ドーム球場に入るだけで「屋根がある！」とテンションが上がりました。

後述しますが、札幌ドームのマウンドは年々、硬くなっていきました。ダルビッシュ有投手（現サンディエゴ・パドレス）がメジャー・リーグ挑戦を意識し始めてからリクエストしたのではないかと想像しています。その結果、12球団の本拠地としては一、二を争う投げづらい球場になってしまいましたが、昔は投げやすく、ルーキーイヤー唯一の完投ができました。

ウイニングボールは持ち帰る

初勝利も初完投もウイニングボールを持っています。基本的に、自分が勝利投手になった試合のボールは持ち帰るようにしていました。１０４個はなくて何個か欠けていますし、息子たちが野球をするときティー打撃に使われたりしていますけど。

子どもたちの誕生日に近い日のウイニングボールは、今もそれぞれの部屋に飾ってあります。「誕生日おめでとう」と書いてプレゼントしていたのです。

記念の品は家に飾っているほうだと思います。05年、21年、22年のチャンピオンリングはもちろん、月間MVPの盾なども飾っています。金本知憲さんのバットもあるんですよ。引退されるとき記念にもらいました。

金本さんとは入団当初からずっと甲子園球場のロッカーが隣で、よく話をしました。大半は野球の話。ロッカーにはテレビがあって、他球団の試合が流れています。優勝争いをしているときは相手チームの試合が映っているので、それを見ながら話したのもいい思い出です。いつも気にかけてもらっていましたし、お世話になったので記念にバットをもらいました。

何かをもらったのは金本さんだけですね。逆に、僕がタイガースを離れるときはいろいろな選手にグローブが欲しいと言われました。岩貞祐太や岩崎優、野手の近本光司からもリクエストがあって、あまり手元には残っていません。

他球団から人気のトレード候補に

2度のファーム降格もあり、16試合登板で4勝1敗1ホールド、防御率5・57という成績に終わったプロ1年目。チームは2年ぶりにセ・リーグ優勝を果たしましたが、素直には喜べませんでした。

即戦力として期待され、先発ローテーションにも入れてもらいながら、たったの4勝では優勝に貢献したとは言えません。来年こそ！　と強い気持ちで2年目のシーズンに挑んだのですが……。そこからしばらく低空飛行が続きました。

2年目以降はチーム事情によりリリーフに回ったり、また先発に戻ったりと配置転換こそありましたが、岡田彰布監督は辛抱強く僕を使ってくれました。でも、期待に応えられる結果を残せないまま3年の歳月が流れ、08年はとうとう0勝。

先発は1試合だけで、残る10試合はリリーフでしたが、〝勝ちパターン〟に入っているはずもなく、力量を完全に見極められて、「能見を使うくらいなら、新しく入ってきた選手を使ったほうがいい」と考えられ始めていたと思います。

起用法を見る限り、トレード候補だったと想像できます。あとで聞いた話ですが、僕は他球団から結構、人気があったそうです。サウスポーというのも大きかったでしょう。

本心としては、自信はあるのに使ってもらえない、という状況ではないものの、環境が変わればきっかけになるかも、と少しは思っていました。頑張っているつもりなのになかなか結果が出ない。このままではチャンスも少なくなる。それなら移籍したほうが……。そう考えるのは自然なことです。欲しいと言われて移籍すれば、必ず使ってもらえますからね。

ただ、僕がトレードされることはありませんでした。他球団から需要があると分かり、かえって阪神は「手放せない」となったかもしれません。トレード先で僕が飛躍したら、「阪神は何してたの?」と言われてしまいます。

08年はほぼリリーフで11試合しか一軍登板がなく、プロ4年目で初めて0勝に終わりました。ファームなら抑えられるけれど一軍では通用しない、という同じことの繰り返し。ファームなら抑えられると思っているから、マウンドでテンションも上がりません。結果を出して一軍に上がると、投げ方まで変わってしまいました。相手を見下ろして投げることができなかったからです。

それならファームでも緊迫した場面で投げたほうがいいと考え、平田勝男二軍監督(現・ヘッドコーチ)にお願いして抑えをやらせてもらいました。やってよかったですね。ファームといえども勝敗のかかった場面、緊張感を持って投げることができました。抑えの大変さが身に染みたので、一軍でやりたいとは思いませんでしたが。

見なかったことにした2行の手紙

衝撃的な手紙が届いたのは、そのシーズンオフのことです。

もうやめてください。
顔も見たくありません。

書かれていたのはその2行だけ。差出人は男性でした。球団に届いたファンレターやプレゼントは各選手のロッカーに配られるのですが、見た瞬間、「うわっ」と声が出そうになりました。いつもは「頑張ってください」とか「同封の色紙にサインをお願いします」といった内容のものが多いので、衝撃的すぎて……。

「見なかったことにしよう」

とっさにそう思いました。打ち明けたのは妻くらい。ほかはだれにも言いませんでした。こんなふうに話せるようになったのは、一軍の先発ローテーションに定着してからのことです。

「あの人は今、どう思ってるんやろう？」

たまに、そんなふうに考えることはありましたが、ずっと頭の片隅に……というほど気にはなりませんでした。その後、同じ方から手紙は届いていないと思います。名前を記憶しているわけではないので定かではありませんが。そんなに執念深い性格ではないのでね。

翌年から結果が出始めたので、その手紙が奮起の材料になったのかと聞かれることがありますが、それは違います。飛躍のきっかけはほかにありました。

差出人の男性は、僕のふがいない姿に腹が立ったのでしょう。嫌がらせなら何通も届きそうなものですから、ずっと応援していたのに裏切られた、という気持ちだったのかもしれません。たった2行とはいえ、それを書いて、封筒に入れて、切手を貼って、球団事務所の住所を調べて投函する……というのはよほど腹に据えかねたのだと思います。

08年オフの出来事なので手紙という手段でしたが、今の時代であれば、きっとＳＮＳに投稿されて、あっという間に拡散されたに違いありません。ＳＮＳにはその怖さがあります。
23年シーズンの開幕前に、NPB（日本プロフェッショナル野球組織）と12球団、日本プロ野球選手会は連名で、SNSなどに選手やその家族、審判員など関係者を誹謗《ひぼう》中傷する投稿をやめるよう、注意喚起するメッセージを発表しました。

プロ野球ファンのみなさまへ　～SNS等への投稿についてのお願い～

いつもたくさんのご声援をいただき、ありがとうございます。ファンのみなさまからのご声援は、日本のプロ野球を魅力あるものとし、さらに発展させていくために、なくてはならないものです。今シーズンも、プロ野球を盛り上げるため一層のご声援をお願いいたします。

併せて、今シーズンを迎えるにあたって、みなさまにお願いしたいことがあります。昨シーズンはSNS等において、懸命にプレーする選手に対する誹謗中傷、侮辱や脅迫等の心ない行為が相次ぎました。選手の家族や監督、コーチ、球団スタッフ、審判員を含む関係者への誹謗中傷等も発生し、今春のキャンプイン後もその兆候は続いています。これらの誹謗中傷等を受けた人たちは、大きな不安と恐怖、そして深い悲しみを抱え、試合や私生活に支障が生じてしまう例も出ています。

日本プロフェッショナル野球組織（NPB）、12球団及び選手会は、ファンのみなさまとも手を携え、球界が一丸となって選手と選手の家族を守り、プロ野球をさらに魅力あるものに発展させていきたいと考えており、このように選手、選手の家族、監督、コーチ、球団スタッフ、審判員を含む関係者の尊厳を傷つけ、プロ野球の魅力を損なう悪質な言動を決して看過することはできません。

もちろん誹謗中傷等に対しては、発信者情報開示請求等の法的措置を講じ、専門家や警察などの関係機関と連携するなどして、これまで以上に断固とした対応をとってまいります。

ファンのみなさまには、誹謗中傷等を拡散しないこと、ＳＮＳ等での投稿にあたってマナーを守っていただくことを改めてお願いするとともに、何より選手の力になる前向きなご声援をたくさん送っていただけることを心より願っています。

今シーズンもまもなく開幕いたします。どうかよりいっそうご支援くださいますよう、よろしくお願いいたします。

こうしたメッセージを発信することには賛否あるかもしれませんが、僕はいいと思います。世の中にはＳＮＳでの誹謗中傷に心を痛め、亡くなった方もいるのですから。プロ野球界でも選手のみならず、家族や周囲の人たちを傷つける投稿は少なくありません。グラウンドでプレーしている自分たちはある程度、仕方ないと受け止められますが、大切な人たちが傷つくのはつらいものです。

新聞の見出しにも傷つけられることはありました。子どもが学校で何か言われるんじゃないか。そんな心配をしたことも、一度や二度ではありません。

「お前のお父さん、××××」

子どもたちは悪気なく口にします。幸い、うちの子は嫌な思いをすることはなかったようですが、「言葉」とは本当に怖いもの。

みなさん、どうか選手を誹謗中傷するような投稿はやめてください。気持ちは分からなくもありませんが、選手は一生懸命やっていますし、支えてくれている家族もいます。

僕の場合、なんとか一軍で結果を出せるようになったからよかったけれど、もし期待に応えられないままだったら、あの手紙のことをずっと引きずっていたかもしれません。

転機5

ジェフ・ウィリアムスが上から投げる姿を見る

09年、僕はようやく一軍で結果を残すことができました。28試合に登板して13勝9敗、防御率2・62。初の2ケタ勝利でした。

飛躍のきっかけは前年のシーズン中にありました。それは、ジェフ・ウィリアムスが上から投げる姿を見たことです。

阪神ファン、いえ、プロ野球ファンならご存じでしょう。ジェフは藤川球児、久保田智之（現・投手コーチ）とともに『JFK』と呼ばれ、長年にわたり阪神のブルペンを支えてくれた左のサイドハンドピッチャー。今も「駐米スカウト」としてチームに貢献してくれています。

そのジェフが08年9月11日、甲子園の東京ヤクルト戦で突然、上から投げたのです。忘れもしません。あの試合で僕は1点ビハインドの7回に3番手で登板し、先頭打者は三振に仕留めたものの、ヒットと3連続四球で押し出し。完全に自滅でマウンドを降りました。

そのあとベンチで戦況を見守っていると、9回表に登板したジェフが、青木宣親選手に対して上から投じた一球があったのです。

「あっ、上から投げた」

驚きました。あれほどの実績のある投手が、こういうことをするのか、と。その後、メジャーリーグの投手が腕の角度を変えて投げているのを見ましたし、日本でプレーしていたほかの外国人投手もやっているのを見ましたが、僕が目にしたのはあのときのジェフが初めて。投げる腕の角度を試合中に変えるという発想は、それまでありませんでした。

「面白い！　これは使える！」

とっさにそう思いました。

僕はその試合のふがいないピッチングが原因で翌日、一軍の出場選手登録を抹消。シーズン終了まで再昇格できなかったので、ファームの試合で腕の角度を変えて投げてみました。

本来が上手投げなので、時々横から。僕が不利なカウント、つまり打者有利のカウントのときに遊び感覚でしたが、ボールの軌道を変えると打者の目先を変えることができ、次のボールをより生かせることが分かりました。

先発ローテーションに戻れた09年は、一軍でも横手投げを使いました。打者が明らかに嫌がっていましたね。予測しているのと違う軌道のボールが来るからでしょう。

もし前年同様、リリーフで起用されていたら、取り入れられなかったと思います。先発は1試合をトータルで考えていろいろなチャレンジができますが、失点が許されないリリーフにそんな余裕はありません。08年の最終盤、ファームで試したときはリリーフでしたが、それはファームだからできたことです。

結局、ジェフが上から投げるのを見たのは一度きりでしたが、そのとき「あ、上から投げた」で終わるのか、自分に取り入れてみようと思うのかで、その後の流れはまったく変わってきます。スルーしたピッチャーもたくさんいたでしょうが、僕はやってみた。ジェフに意図などは聞いていませんが、自分なりの解釈でプラスの転機にしたのです。

ちなみに試合の中で、投げる腕の角度を変えるのはそれほど難しくありません。下手投げは体の使い方が全然違うので、さすがに無理ですが。

転機6

全力で投げて打たれ、8割の力で投げてみた

09年のシーズン途中にも転機がありました。

その年、初の2ケタ勝利を挙げたのは先述の通りですが、実は前半戦はあまり勝てませんでした。4月に2勝したものの、3勝目は交流戦が始まった6月下旬。そのあと2連敗して、しばらくリリーフに配置転換となりました。中継ぎに回る前の防御率は3・50でしたから、まずまず試合はつくっていたのですが、勝ちにつながらなかっ

たのです。

もう5年目で、30歳になるシーズン。ケガをしているわけではありませんでしたし、さすがに今年ダメなら……と思っていました。前年も「クビ」の2文字はチラついていたのですが、その年0勝だったことで、余計に崖っぷちでした。

その状況から自己最高成績を残せたのは、試合中の〝気づき〟があったからです。

7月10日、甲子園での対巨人3連戦の初戦。5対5の延長12回に登板した僕は、いとも簡単に打たれて2点を失い、負け投手になりました。

その試合、僕は全力で投げました。それがいつものスタイルだったからです。でも、本当に「いとも簡単に」巨人打線につかまった。チームは3連敗となり、借金はシーズン最多の11に膨らみました。

中1日おいて、3戦目にもう一度、出番がありました。今度は2点ビハインドの7回です。

「同じ相手に同じことをしても、また打たれるだけだな」

そう考えた僕は、いつもの「全力」ではなく、「8割の力」で投げてみることにしました。

用意していた引き出しを開けたわけではありません。だれかを参考にしたわけでもない。ただ、同じことをして同じ失敗を繰り返すのは嫌だったので、「8割の力でバランスよく投げてみよう」と考えたのです。

ほかにもできることはあったと思いますが、味方打線の打順を見ると複数イニングを投げることになりそうだったので、「8割投球」を選択しました。

すると、どうでしょう。巨人のバッターがものすごくタイミングを取りづらそうにしているではありませんか。それが表情に出ている選手もいました。結果は2回を投げてどちらも三者凡退。球数はわずか18球。あんなに打ちにくそうな反応をされたのは初めてだったので、正直、驚きました。

「もしかしてこれなのかな」

半信半疑ながら、少しだけ〝光〟が差し込みました。

そういえば、前年シーズン限りで勇退された岡田監督に、投手コーチを通じて言われたことがありました。

「全員に対して全力で投げる必要ないやろ」

僕の基本は「初回から全力」。一軍に定着してペース配分を考えるようになった時

2009年7月12日、甲子園での巨人戦。7回から登板し「8割投球」で
2回をいずれも三者凡退に

期もありましたが、そうすると、必ずと言っていいほど序盤に点を取られました。

序盤に大量失点すると試合が決まってしまいますし、野手のテンションも下がる。初回や2回だとベンチも交代させづらいので、それなら行けるところまで行ったほうがいい、という考えでした。リリーフ陣が充実しているなら、なおさらです。

点差が開いたとき以外は、1試合すべて全力投球！

でも、それが岡田監督には「ただ一生懸命投げているだけ」にしか見えなかったのでしょう。「相手バッターを見てメリハリをつけろ」と言いたかったのだと思います。

今なら理解できますが、当時はよく分かりませんでした。相手打者によって力加減を変えることは、僕の中では「抜く」とイコールだったからです。

念のために言っておきますが、09年に見つけた「8割ピッチング」は、打者によって「抜く」のとはまったく意味が違います。「8割」は力まず、バランスよく投げるということ。力んでいいことはありませんからね。

真っすぐよりもフォークのほうが腕の振りが速い?!

中継ぎで2イニングを抑えて、「もしかしてこれなんじゃないか」とかすかな手応えを感じたちょうど1週間後に、先発のチャンスが巡ってきました。7月19日、相手は巨人。今度は東京ドームでしたが、同じ相手に対してもう一度「8割ピッチング」をして、反応を確認することができました。

結果はなんと7回二死までノーヒット。「ヘタに力が入るから、早くだれか打ってくれないかな」と思うほどでした。最終的には9回を投げて2安打無失点。0対0のまま延長戦に入ったので完封ではありませんでしたが、10回表に打線が点を取ってくれて、約1カ月ぶりの白星を手にすることができました。

奪った三振は12個。ベースのかなり手前でワンバウンドするフォークもバンバン振ってくれ、不思議な感覚があったのを覚えています。

バッテリーを組んでいた狩野恵輔は、こんなふうに言っていました。

「無駄な力が抜けて、腕の振りがめちゃめちゃ速く見えるようになっています」

自分としても、ゆったりとしたフォームから、リリースの瞬間にビュッと腕を振る感覚がありました。リリースポイントも全力投球のときより打者寄りになっていたと思います。

「真っすぐよりもフォークのほうが腕の振りが速い」

狩野以外にもいろいろな人からそう言われました。実際にはそんなことはあり得なくて、ピッチャーはストレートと変化球を同じ腕の振りで投げたくても、どうしても変化球のほうが緩むもの。それが逆に見えたのだとしたら、僕は打者を幻惑できていたことになります。

真っすぐだと思ってバットを出す。でも実はフォークだから空振りする。バッターはだまされているわけです。それがベースの手前でワンバウンドするようなボールでも振ってしまう〝からくり〟。

狙い通りでした。出だしは真っすぐに見えて、打者の手元でちょっとだけ落ちるのが理想のフォーク。オリックスの山本由伸のフォークが、まさにそうです。あまり落差はないけれど、打者はみんな真っすぐだと思って振りに行くから当たらない。ブルペンでも、彼のフォークは真っすぐにしか見えません。球速も出るのでバッターはボールを見る時間が短く、それも空振りしてしまう大きな要因といえるでしょう。

間《ま》を使ってタイミングを外す

最初は「巨人だから?」「ほかのチームに通用するの?」と半信半疑だった8割ピッチングですが、オールスターゲームを挟んで他球団にも試してみると、同じような反応が返ってきました。

前述した7月19日の巨人戦を含め、前半戦は4勝7敗だったのが、後半戦は9勝2敗。巨人以外の球団にしてみれば、「オールスター明け、能見が変わった」という印象だったかもしれません。「能見が先発なら勝機あり」と思っていたのが、少し見ないうちに全然打てなくなったのですから、さぞ驚いたことでしょう。

8割ピッチングにすると、ゲーム終盤も以前ほど球威が落ちなくなり、また、「間《ま》」を使えるようになりました。説明するのは非常に難しいのですが……。

サウスポーの僕の場合、右足を上げて前に出ていき、着地してボールを放します。その着地からリリースまでの時間がいつもより長いときがあるのですが、それが

「間《ま》」。打者は「ボールが来ない、まだ来ない、まだ来ない……」となって、タイミングをずらされることになります。

バッターはタイミングを外されるのが一番、嫌なはず。逆にいえば、ピッチャーは打者のタイミングを外して、自分の形で打たせないようにすればいいのです。タイミングを外したつもりが、「裏の裏は表」になって、バッチリ合うこともあるのですが。

22年オフに埼玉西武の栗山巧選手に会う機会がありました。彼とは23打席対戦してヒット2本しか打たれていません。僕に対して苦手意識があったらしく、「どういうときにタイミングを外していたんですか」と聞かれました。僕がタイミングを外していたのを知っていたのです。知っていても打てなかった。タイミングとはそれほど繊細なものなのです。

僕と同じサウスポーの同級生、東京ヤクルトの石川雅規投手は、タイミングを外すのがうまい投手の一人です。僕は彼を尊敬と親しみを込めて、愛称である「カツオちゃん」と呼んでいますが、カツオちゃんも間《ま》を使って、タイミングを変えながら投げているのが分かります。また、彼がすごいのはケガをしないところ。そのためには、体のケアはもちろん、あらゆる準備を続けていると思います。23年に球界最年長選手になりましたが、変わらずカツオちゃんらしいピッチングを見せてほしいものです。

さて、8割ピッチングで「間《ま》」を使えるようになったと書きましたが、右足の着地からリリースまでの時間が長ければ、その分、バッターを長く見ることができます。1年のうちに何球か、直感的に「やばい、打たれる」と感じることがあり、わざと外して命拾いするのですが、打者を長く見られたときに感知できていたのだと思います。もしかすると勝てるピッチャーは、そういう経験を数多くしているのかもしれません。

じゃあ、いつもそうすればいいじゃないか、と言われそうですが、そう簡単ではないのです。意識して「間《ま》」の取り方を変えることもしていましたが、気がつくと粘れているというか、無意識にそうなることもある。足を着いてからなかなかボールを放さない自分がいる、不思議な感覚。そういうときは目の前の光景がスローモーションのように見えるのも不思議でした。

09年のシーズン途中に「8割ピッチング」を発見できたことは、本当に大きな転機となりました。そこから僕は勝てるようになり、開幕投手を任せられるまでになったのです。

リリーフは全力投球が原則なので、先発を離れてからはやらなくなりましたが、それは投げる腕の角度を変えるのと同じ。先発とリリーフではできること、できないことが違うのです。

転機7

金本監督からリリーフ転向を打診される

リリーフ転向も転機の一つでした。プロ1年目から先発を任されていた僕は、不調でファームに落ちても先発調整が基本。もう一度、一軍に上がるチャンスが来たときに備えるためです。チーム事情や僕自身の状態によって中継ぎに回ることはありましたが、本格的に転向したのは18年の交流戦からです。

「左のリリーフがいない。中で助けてくれないか」

金本知憲監督から電話があり、そう打診されました。純粋にうれしかったですね。年齢が上になればなるほど、頼られる、必要とされるのが一番のモチベーションになります。監督直々の電話というのもうれしいものでした。

僕が先発にこだわりを持っていると思っていたらしく、「どうや？　ほかの左がそろったら、また先発に戻れるか？」と心配もしてくれました。でも、その年は開幕から先発3試合で勝ち星がなく、5月11日の広島戦（マツダ広島）では2回までに9点を取られて大炎上。5回に打順が回ってくるので4回まで投げましたが、試合後すぐにファーム行きを命じられていましたし、もともと先発にこだわっていたわけでもないので、「大丈夫です」と答えました。

それどころか意気に感じていました。金本さんには現役時代からお世話になっていて、先述の通り、引退されるときには記念にバットをもらうほど尊敬も信頼もしていたからです。

打診を快諾し、ファームで2試合に中継ぎ登板して一軍に昇格すると、出番はすぐにやってきました。6月5日のオリックス戦（甲子園）。16年9月30日の巨人戦（甲子園）以来、一軍では久々のリリーフ登板でしたが、1点ビハインドの7回を走者を出しながらもなんとか無失点でしのぐことができました。

最初は勝ちゲームではなく、「僅差のビハインドの場面でイニングを消化してほしい」と言われていました。先発をやっていた人間にとって、2イニングは精神的に楽。続く6月9日の千葉ロッテ戦（甲子園）では延長11回から2イニングを無失点に抑え、サヨナラ勝ちで勝利投手になりました。ホールドがつくような場面、勝ちゲームで使われるようになったのは、そこからです。

結局、18年はシーズン終了までずっとリリーフ。開幕直後に7点台まで跳ね上がっていた防御率も、最後は2点台に落ち着きました。リリーフでは42試合に登板して6失点のみ。4勝1敗1セーブ、16ホールド、防御率0・86と、自分でも納得できる数字を残すことができました。

14試合連続無失点と12試合連続無失点があり、ずっと抑えられていたので楽しかったですね。チームは01年以来17年ぶりの最下位に沈み、金本監督が辞任されることになったのは残念でしたし、選手の一人として申し訳なかったけれど、僕個人としては、リリーフという新たな道を見つけることができた貴重なシーズンでした。

気持ちが沈むと体も動かなくなる

実は、14年〜17年までの4年間はとてもしんどい時期でした。09年〜13年はチームの戦力になれていたと思いますが、14年は防御率が1点以上も下がり（13年＝2・69⇒14年＝3・99）、9勝13敗と負け越し。そこから3年連続2ケタ敗戦で貯金をつくれませんでした。

12年も2ケタの黒星を喫していましたが（10勝10敗）、防御率は2・42で自己最高。勝ちはつかなくても試合を壊しているわけではなく、勝てるチャンスをつくっていたので受け入れられていました。

でも、14年以降は防御率も3点台後半でしたから、到底、納得できません。

プロ入りから4年間ももがいていたけれど、そのときとはまったく違うしんどさでした。最初は実力がなかっただけですが、一度、結果を出せるようになったところから落ちて行ったわけですからね。

一番の原因は「年齢」だったと思います。体の変化が少しずつ出始め、できていたことができなくなってきたのが14年のシーズン、35歳になった年でした。

13年は『第3回WBC（ワールド・ベースボール・クラシック）』の日本代表に選ばれ、早めに仕上げました。そのままシーズンに突入し、25試合に登板してイニング数は180回2/3。1試合平均7回以上を投げていて、完投も自己最多の6試合ありましたから、一年を通して元気だったことが分かります。

それが、翌年になるとガクッと……。

年齢とともに真っすぐの強さやスピードが落ちて行くのは仕方ないとして、気持ちに左右されて体が動かなくなることを初めて知ったのが14年でした。

どういうことかというと、たとえば点を取られたり負けたりして気持ちが沈むと、体も一緒にマイナスの反応をするようになったのです。それまでは気持ちが沈んでも体はふつうに動きました。連動することはなかったのに、14年からは登板前も気持ちがグッと入らなかったり、3回くらいまで体が重かったり。

「早く3時間たって終わってくれへんかな」

そんなふうに考えている自分に驚きました。

それでも年齢にはあらがえません。「自分の気持ち次第。やれることをやろう」と思っていましたが、負けが込んでくるとだんだん余裕がなくなってきます。

味方がチャンスのとき、「ここで点が入ったら乗っていけるのにな」と、それまでは考えなかったことを考えるようになりました。点が入らないとモヤモヤしてピッチングに集中できなくなったり。徐々に打線とのかみ合わせも悪くなり……そうなると、もう悪循環です。

本当にしんどかったけれど、体の変化を受け入れつつ、練習は量をそれほど落とさず続けました。トレーナーやトレーニングコーチに相談しながら、それまであまりやっていなかった柔軟性を重視したトレーニングや、可動域を広げるトレーニングを取り入れて。でも、難しかった。抑えるときは抑えるけれど、ダメなときは完全にダメ。粘ることができなくなっていました。

当然、使われ方も変わってきます。17年は日曜日の登板が増えましたし、5回くらいで代えられることも多かった。「まだ行けるのに」と思っているところで交代。信頼されていないなと感じました。長くやっていれば、よくも悪くも、監督やコーチが自分をどう見ているのか分かります。

そういう4年間を過ごしたあとでしたから、18年のリリーフ転向は僕を救ってくれました。

先発よりもリリーフのほうがしんどい

その後もずっとリリーフでしたが、やりがいを感じていましたし、先発に戻りたいとは思いませんでした。先発は長いイニングを投げることが重要だと思っていたので、年齢を重ね、5回までなんとかゲームをつくって降板するより、リリーフで短いイニングを抑えるほうがチームに貢献できるだろう、という発想です。

逆に先発にこだわっていたら、晩年はきっとファーム暮らしだったでしょう。ベテランと呼ばれ、伸び盛りの若手の邪魔をしていたかもしれません。周囲から「早く引退するって言ってくれよ」と思われる存在になり、そのままフェードアウト……。選手寿命を延ばしてもらった金本さんには感謝しています。

ただ、先発とリリーフを両方経験して言えるのは、リリーフのほうがしんどいということです。それは間違いありません。中継ぎが大変だというのは頭では分かっていましたが、自分がその役割を担ってみて、あらためて実感しました。

プロに入ってからは肩、ヒジの故障がありませんでしたし、連投なんか軽いと考えていました。リリーフは投げるイニングも短いですし、気持ち的にも楽だろうと。

でも、そんな気楽なものではありませんでした。パフォーマンスがちょっとでも落ちると、結果が劇的に変わる。先発はゲームの中で修正する、状態を尻上がりにするなど、挽回できる可能性があります。でも中継ぎは打たれたら終わり。連投できたとしても、コンスタントに結果を出し続けるのは簡単ではありません。

考えてみてください。先発は3試合好投して1試合打たれても、それほど問題視されませんが、中継ぎが失点したら大変です。勝敗に直結するポジションですからね。プレッシャーはリリーフのほうが圧倒的に大きく、しかもそれが毎日です。

結果的に登板がなかったとしても、ブルペンでは準備をしていますから、肩をつくるのもほぼ毎日。「同点になったら行くよ」「逆転したら行くよ」と言われると、試合展開を見ながら何度もつくることになります。それが5、6試合続くことも。

抑えのほうが自分の出番は分かりやすいですよね。同点は可能性があっても、ビハインドで行くことはまずない。でも中継ぎは流動的で、勝ちパターンに入っていたとしても、逆転できそうなムードになればその時点で行くこともあります。

リリーフに回ったとき、最初はブルペンで20球近く投げていました。肩は10球ほどでできているのですが、落ち着かなくて。先発からリリーフに回ったばかりのピッチャーは球数が多くなりがち。〃転向組あるある〃です。

コースや球種を決めて投げる投手と、僕みたいに球数も球種もコースも日によって変わる投手がいます。ブルペンでのつくり方は人それぞれ。だから面白いともいえるでしょう。

たとえば、阪神の岩崎は最後の最後まで力を入れて投げません。マウンドに向かう直前、2球くらいだけ。5球程度で行くピッチャーもいますし、見ていて「間に合わないよ」と心配になるほどです。

22年の日本シリーズでの活躍が記憶に新しいオリックスの比嘉幹貴は、次の回から行くと決まっていて、味方の攻撃が1アウトになっても、まだキャッチャーを座らせません。2アウトになってようやく「座って」と言う。もしかして次の打者は初球で終わるかもしれないのに。

でも、大丈夫。マウンドに行けば期待通りのピッチングをしてくれます。立ち投げですでに肩はできていて、最後は確認みたいなものなのでしょう。ベテランほど〝自分流〟があるようです。

試合展開によって肩を2度、3度とつくり直すのも、それが大丈夫なタイプと、2度目になるとパフォーマンスが落ちる投手がいます。そういった情報は監督と投手コーチが共有していて、できるだけ1度目で行けるように配慮する。

経験というより個人差でしょうね。気持ちの面も大きいと思います。投げるつもりで気持ちを上げて、でも出番がなくなって冷静になり、展開によってまた上げる……

これはかなり難しい作業です。

先発投手の勝ちを消したらその顔が浮かんでくる

もう一つリリーフが大変なのは、毎日、試合の流れに乗っていないといけないという点です。先発は基本的に週1回の登板で、投げない日はノータッチでいいけれど、リリーフはそうはいきません。

試合展開を見守りながら、自分の役割を考えます。両チーム得点が入らず重い試合、逆に乱打戦で大味な試合……いろいろですが、自分はまだグラウンドにいなくても、流れには乗っていないといけません。

それって結構、大変なんです。代打や守備固めで行く選手も同じかもしれませんが、先発投手が懸命に抑えている姿、野手が必死で1点をもぎ取る姿を見ていれば、それぞれの思いも伝わってきます。

「このまま勝てば、先発投手に勝ちがつくな」

「逃げ切れれば、この選手がヒーローだな」

そんなことも考えますし、背負うものがどんどん大きくなって、試合終盤にバトンが回ってくる。仕事とはいえ、その重圧は計り知れません。体よりも精神が疲れるポジションです。

一番こたえるのは、やはり先発投手の勝ちを消してしまったとき。終わったことだと思おうとしても、そのピッチャーの顔が浮かんでくることもあります。

僕自身が先発をしていたとき、後ろのピッチャーが打たれて勝ちが消えたとしてもしょうがないと思っていました。自分が9回投げ切ればいいだけの話だと。でも、逆の立場になるとやっぱり気になる。先発投手の勝ち負けは自分でコントロールできない部分があるからです。

いいピッチングをしても、野手が点を取ってくれなければ勝てないし、勝ち投手の権利を持って降板しても、逆転されれば消える。防御率のほうが自分次第と割り切れますが、先発投手は勝利数で評価されることが多いポジションです。

僕はベテランになってからリリーフに回ったので、むやみに落ち込むことなく切り替えるすべを持っていましたが、それでもしんどかった……。

じゃあ、負けパターンのピッチャーは気が楽かといえば、もちろんそんなことはなくて、打たれればファーム行きが濃厚。「お前の代わりはいくらでもいる」と言われているようなもので、常に崖っぷちです。そこから勝ちパターンに行けるのはほんのひと握り。

どちらにしても、やはりリリーフは大変です。だからといって先発に戻りたいとも、戻れるとも思いませんでしたが。

ヒントを見逃さず、行動に移すこと

阪神での16年間を振り返りましたが、アマチュア時代同様、やはり「転機」と思える出来事がいくつもありました。

「今が転機だ！」と分かるわけではなく、あとになってそう感じるのですが、何か気づきがあったとき、それをどうとらえるか、どう行動するかが大切なのだと思います。

たとえば僕の場合、社会人時代に〝最後通告〟されたとき、「もうええわ」と投げやりになるのではなく、「獲ってもらったのに何も恩返しできていない」と考えた。そこで踏ん張れたのは覚悟と責任感があったからです。

また、プロでブレークしたときは、気づいたことを試してみて、それが成果として現れました。行動に移していなければ、何も変化は起きなかったでしょう。

転機はだれにでもあります。ヒントを見逃さず、行動に移すこと。その大切さを、僕は身をもって経験しました。

もちろん、阪神を戦力外になったことも、他球団のユニフォームを着る決断をしたことも、コーチ兼任を経験したことも、すべてが僕にとっては「転機」と呼べる出来事でした。

第4章

伝える——オリックス時代

オリックスへ移籍、ロッカーはコーチ用

2020年秋、阪神から戦力外通告を受けた僕は、現役続行を決断しました。ありがたいことに、いくつかの球団から声をかけていただき、その中から同じ関西が本拠地のオリックスにお世話になることに。

オリックスからは「コーチ兼任」という意外なオファーをいただきました。なぜ意外だったかというと、長い歴史のあるプロ野球でも、監督と選手を兼任する、コーチと選手を兼任するケースは稀《まれ》だから。想像もしていなかったので、最初は驚きました。

中嶋聡監督は北海道日本ハム時代に10年近くバッテリーコーチと選手を兼任されていた、球界で数少ない兼任経験者なので、もしかすると監督の発案だったのかもしれません。僕は「選手にウエートを置いていい」と言ってもらったことで気持ちが楽になりましたが、これも監督の配慮だったのかなと思います。

とはいえ、「コーチ」という肩書がつく以上、その役目もしっかり果たさなければいけません。どう動けばいいのか分からない上に、慣れ親しんだチームではなく、新

天地で環境がガラッと変わるタイミングでしたから、正直、不安も大きかったです。

「ロッカーはどうしようか」

まず、そこから始まりました。選手とコーチのロッカーは別のところにあるので、兼任の場合はどちらを利用するべきか、ということです。

僕が決めていいと言われたので、コーチのほうを選びました。

どのチームもそうだと思いますが、コーチと選手のロッカーは離れていて、それぞれが何をして、どのような会話をしているのか知りません。阪神時代を思い返すと、「なんであそこで代えるんや」みたいな愚痴を言っている選手もいました。

オリックスでは練習前と試合後の2回、毎日コーチ会議が開かれ、僕も参加することになっていました。もちろん監督も参加。そこでは選手の起用法なども話し合うので、もし僕が選手ロッカーを使っていて、首脳陣への愚痴を言っている選手を目の当たりにしていたら……何か影響が出てしまうかもしれません。そういうことも考えてコーチロッカーを選びました。

中嶋監督以下、首脳陣のみなさんからは、「コーチの仕事もしてもらうけれど、サポート程度でいい。基本は選手として動いてくれ」と言っていただいたので、実際に

2年間やってみて、動きづらさなど感じることは一切ありませんでした。

「コーチもやって、選手もやって、大変やな」と言う人もいましたが、むしろ逆。拘束時間は長かったけれど、与えられた仕事がある分、一日を短く感じました。コーチ会議に出ていても自分の練習に支障はありませんでしたし、首脳陣の考えを聞けたのはとても有益でした。

「こんなふうに思ってくれていたのか」

選手だけやっていたら分からないこともたくさんありました。

コーチ会議では選手へのいろいろな意見が出ます。いいことばかりではありません。でも次の日にはマイナスのことは忘れて、どうすればあの選手を生かせるか、きのうと同じ失敗をさせないためにはどうすればいいかを、みんなで考える。そうやって選手たちをいい方向に導いていました。

首脳陣の考え方や意図を分かった上でプレーできた僕が一番、得していたかもしれません。

相手がどう思うかを考える

阪神時代に抱いていたオリックスへの印象は、「セ・リーグに近いチーム」でした。パ・リーグには強打者が多く、ブンブン振ってくるイメージが強いけれど、オリックスはそれだけじゃない。ピッチャーに球数を投げさせたり、そういう野球をやってくるので、交流戦だけとはいえ、一軍ではやりづらさを感じる嫌なチームでした。

チームカラーは同じ関西でも阪神と全然、違う。メディアの数や報道のされ方の違いが大きいと思うのですが、オリックスの選手たちは野球を楽しんでいるように見えました。

「あそこに入ったら、自分はどうなるんやろう?」

新しい環境と新しい役割に対する不安と同じくらい、楽しみもありました。

考えていたのは、次の2つ。

①拾ってもらったからには一人のピッチャーとして戦力になれるように

②コーチとして僕の経験を伝えて若い選手たちが伸びるように

その上で優勝できればもちろんいいけれど、正直、あまりイメージできませんでした。何しろ2年連続最下位、その前もしばらくBクラスだったチームですからね。若い選手が多かったので、勝たせるというよりも、成長の手助けができればと考えていました。

まず心がけたのは、僕のほうから積極的に接点を持つこと。年齢の離れた選手が多く、また、僕はどちらかといえばとっつきにくく見られるので、意識して距離を縮めるようにしました。そうしないと話してくれないんじゃないかと思って。

実際は取り越し苦労で、少しすると選手たちのほうからどんどん来てくれましたけどね。しかも、かなりフランクに。そういうところが、阪神の選手とは違ったかもしれません。臆するところがないというか、身構えないというか。手探りだった僕としてはありがたかったです。

接し方、話し方、言葉のチョイスには気をつけました。昔から人間観察が好きで、初対面の人でも「こういう性格かな」「こう言っているけど、実はこういうタイプなんじゃないかな」と分析するクセがあります。もちろん、付き合っていくうちに第一印象と変わる人もいるので、そこは臨機応変に。

オリックスの選手とはたくさん会話をし、周りの人にも聞いて、それぞれの性格を把握した上で接し方や話し方を変えるようにしました。

よく言われることですが、褒めて伸びるタイプもいれば、尻をたたいたほうがいいタイプもいます。イジっていい人間はとことんイジりますが、そういうのが苦手な人にやってしまうと……最悪の事態になりますから、慎重に見極めないといけません。

大切にしたのは「相手がどう思うか」ということ。自分主導で動くとロクなことがないので、そこは意識しました。

僕自身、だれかの言葉で傷ついたり、イラッとしたりしたことがあるので、より慎重になっていたかもしれません。コーチと選手、という関係性においては、いろいろあるので……。

耳を疑ったコーチの言葉

09年、阪神の春季キャンプでの出来事です。僕は二軍スタートだったのですが、先発転向を目指していた久保田智之が肩を痛めて離脱したため、キャンプ開始から1週間で一軍に呼んでもらいました。

でもたぶん、それほど期待はされていなかったと思います。30歳になるシーズンでしたし、4年間、結果を残せなかった投手の大化けはイメージしがたい。僕がコーチなら、大きな期待はしないでしょう。

一軍に合流して個別練習をしていたときのこと。久保康生投手コーチ（現・巨人巡回投手コーチ）に突然、「横から投げてみろ」と言われました。

僕が前年、ジェフの投球を見たことをきっかけに、ファームで横手投げを取り入れてみたことは書きましたが、それはあくまで打者の目先を変えるためで、自分のフォーム自体を変えるのとは話が別です。

久保コーチの意図は確認しませんでしたが、何かきっかけを、と考えたのでしょう。戦力になるよういろいろ考えてアドバイスするのがコーチの仕事ですから、その提案自体に問題はありません。ただ、そのあとのひと言が……。

「どうせダメなんだから」

耳を疑いました。「横から投げてみろ」という言葉より、胸に残ったのはそのセリフ。冗談ではなく、つい本音が出てしまった、という口調に受け取れました。

空気が一瞬、凍りつきましたね。正直、めっちゃイラッとしました。プロ入りから4年間、ほとんどチームに貢献できていなかったので、言われても仕方ないとは思いますが、そんな言い方をされて、サイドスローに挑戦してみようと思う選手がいるでしょうか。

コーチの言葉は重いもの。僕は投げやりにはなりませんでしたが、そうなってしまう選手もきっといます。

「見返してやる！」

僕は心に決めました。そのシーズンに結果を出せたので、久保コーチの言葉が原動力となり、奮い立たせてもらったと今は思えます。

ネットスローをしていたときで、横にはボールを渡してくれるブルペンキャッチャーの方がいました。彼もびっくりして、「えっ、何言ってんの？」みたいな顔をしていたのですが、練習後、「あれはないですよね」と僕が言うと、「選手に言っちゃいかんセリフや」と。愚痴を聞いてもらえる人がそばにいてくれたから、切り替えて原動力にできたのかもしれません。

18年にはこんなこともありました。

5月11日の広島戦で4回9失点とメッタ打ちされた試合後のこと。香田勲男投手コーチからファーム行きを命じられました。

「明日からファーム。練習に出るように」

言われたのはそれだけ。翌日のファームの練習開始は9時でした。マツダスタジアムでのナイター終わりにそう告げられ、翌朝、始発の新幹線で西宮に戻ったのを覚えています。僕、まあまあベテランだったんですけどね（苦笑）。

業務連絡といった感じで、「もう一回頑張って状態を上げてくれよ」というような激励の言葉は何もありませんでした。優しくしてほしかったとか、慰めてほしかったとかいうわけではありません。打たれた僕が悪いので、自業自得と言われればそれまでです。ただ、あれが（藤川）球児だったとして、同じ対応をしたのかなと。そういう納得のいかなさはありました。

香田さんは本来そういうタイプではないので、僕に対するいら立ちからだとは思いますが、選手に露骨に分かる態度はどうなのか……。

そうした経験があったので、兼任とはいえ「コーチ」と呼ばれる立場になったからには、感情に任せた発言はやめよう、相手がどう思うかを大事にしようと決めていました。

相手を認める言葉から

人間ですから、言葉のチョイスを間違えることはあるかもしれません。でも意識することで絶対に変わります。

みなさんも心がけてみてください。家族、友人、同僚、上司と部下……どのような関係性であっても大切なことだと思います。

特に「上下関係」がある場合は、より注意が必要です。僕が肝に銘じていたのは、

①上からモノを言わない

②相手を認める言葉から

の2つ。

子どもくらい年齢の離れた選手もいましたから、①は特に注意しました。僕が若いころは、「こうしろ」「ああしろ」が当たり前でしたが、今は時代が違う。僕もまだ選手でしたし、できるだけ同じ目線に立って会話するようにしました。そのほうが相手

も心を開いてくれるでしょうからね。
②については、たとえば修正点を伝えるときも、「オレより能力は上だよ」「もっと成績出るはずなのに」「これで勝てないのはおかしい」「できない選手には言わない」など、まず選手の能力を認めていることが分かる言葉から入りました。こう言われて気分の悪い選手はいませんし、次の言葉を素直に聞き入れてくれると考えたからです。
普段から意識していいところを探し、より具体的な長所を伝えるのが効果的だったと思います。もちろん欠点も見えますし、同じ失敗を繰り返さないよう相手にとって耳の痛いことを言うこともありましたが、そういうときこそ、まず褒める。みなさんもぜひやってみてください。

「オレと体取り換えてくれないかなあ。その体があって、今のオレの思いがあれば、絶対に15勝以上できる！」

これは、僕が選手によく言っていたセリフです。実際、オリックスには僕より能力が上のピッチャーがたくさんいましたし、彼らの体が欲しいと何度思ったか知れません。だから本気でそう言った上で、どうすればいいのかを伝えました。

繰り返しになりますが、「ちょっと考え方を変えるだけで大きく飛躍できるのに、もったいない」と感じる選手がたくさんいました。だから、僕の仕事は彼らに〝考えるヒント〟をあげることだったのです。

もちろん、受け取る側にも「受け取り方」というものがあります。言われたことをやっただけで結果を残せるのなら、みんな一流になれます。でも、そうじゃない。言われたことを咀嚼《そしゃく》して、理解して、腹落ちさせて取り組まないと続かないし、伸びません。そこに〝気づき〟がないとダメなのです。

そもそもマイナスに受け取ると、はい上がるのは難しいもの。どうプラスに転じるか。ここまで書いてきた通り、僕はさまざまなことをプラスに転じて野球人生を送ってきました。だから、今があるのです。

「ガンガン攻めてくるわ」と言ってブルペンを出る

実際にやって見せる。

これも僕が大切にしていたことです。言葉に頼るとかえって伝わらないこともありますし、まだ選手だっただけに、自分ができないことを「やれ」と言っても説得力がありません。僕の場合、言っていることを実践できるかどうかを選手に見られていましたからね。

たとえばキャンプでの投げ込み。第1章に書いた通り、移籍1年目のキャンプで、僕はリリーフ陣最多の球数を投げました。そんな僕の姿を見て、若い選手たちがどう感じるか。

言葉で「キャンプでの投げ込みは大切だよ」と言うよりも、実際にプロの世界で15年以上やってきた僕が、初日からブルペンでバンバン投げる姿を見せるほうが、よほど伝わるものがあるはずです。

監督の思いを伝えるときも、言葉ではなく実践しました。

中嶋監督は投手陣への要望として、コーチ会議でよく「もっと厳しいところを攻めてほしい」と言っていました。「うちのバッターは何回も当てられているのに、なんでもっと厳しく行かないの?」と。

ぶつけろと言っているのではありません。打者の体勢を崩すくらい厳しい攻めをしてほしい、ということです。投手陣がそういう姿勢を見せないと、デッドボールを受けた野手は「闘う気ないの?」となりかねません。

僕はそれを選手に言葉で伝えるのではなく、体現するようにしました。まず出番が来ると、「ガンガン攻めてくるわ」と言ってブルペンを出る。そして実際、マウンドでガンガン内角を攻めました。球速が150キロ出るわけでもないオッサンが、これだけ攻めのピッチングをしているぞ、というところを見せるわけです。

感じる選手は感じるでしょう。何も感じない選手は……がんばれ（苦笑）。

オリックスの選手との接し方

ここからは、僕がオリックスの各選手とどのように接していたのか、エピソードも交えながら紹介しましょう。

山本由伸への言葉
「正直、お前のことはよう分からん」

まず、とても頭がいい。野球選手として僕とは次元が違うので、「正直、お前のことはよう分からん」と言っていました。

あのレベルのピッチャーは調子がよくなくても勝ちます。「今日は状態がそんなによくないな」と見えても、きっちり抑えてくれる。チームにとってはありがたいことですが、力みが入るとそのよさが死んでしまうので、そこだけは注意深く見るようにしていました。

初めて開幕投手を務めたとき（21年3月26日、対埼玉西武＝メットライフ）は、ブルペンでめちゃめちゃ力んでいました。緊張もあったでしょう。力が入りすぎてボールがすごく弱かったので、ブルペンキャッチャーに言いました。

「これ、アカンで」

でも、由伸にはあえて何も言いませんでした。僕自身、オリックスに入ってまだ数カ月でしたし、これからマウンドに上がる投手に余計なことを言って混乱させるのはよくないと考えたからです。自分で感じて投げるほうがいいかなと。

「楽しんで！」

そう言って送り出しましたが、味方エラーもあり7回6安打4失点で敗戦投手に。翌日、「あれはさすがに無理やわ」と言うと、「先に言ってくださいよ」と苦笑されました。

以来、自分でしっくり来ないときは、「僕、今どうなってますか？」と聞きに来るようになりました。試合中も、もちろん、気づいたことがあれば伝えます。

「もう少し、こういう体の使い方をしたほうがいいんじゃない？」

言うとしてもこの程度です。もともと修正能力が高いので、あとは自分で考えて修正する。あのクラスはヒントをあげれば十分なのです。

人間的にも優れています。突出した成績を残していても一切、天狗《てんぐ》にならない。そんな人柄のよさはマウンドでも現れています。

一番感心したのは、1点もやれないゲーム終盤の緊迫した場面で、味方がエラーしたときの振る舞いです。彼は大事な試合を任されることが多く、1点が命取りになることも珍しくありません。

たとえば0対0のまま試合が進み、終盤に味方のエラーで先制点を許したとする。「うわ〜っ」という感情が表情に出てもおかしくないのに、彼はエラーをした選手に自分から声をかけに行くのです。

僕ならどうするか？

マウンドでは喜怒哀楽を出さないようにしていたので、表情は変えないと思いますが、内心、穏やかではいられません。「なんでそこでエラーなん？」と思ってしまうので、自分から声をかけるなんて絶対にできない。「すみません」と言われて、「大丈夫」とは答えますが、それはタテマエ……。

でも由伸は、柔らかい表情で自然と声をかけに行きます。しかも大事な試合でそれができる。見ていて鳥肌が立ちました。

宮城大弥への言葉

「オレには分かる。そのままじゃ勝てないよ」

宮城も頭のいい選手です。だから、気づいたことがあっても全部は言わず、自分で考えて答えを見つけてもらうようにしました。

プロ2年目の21年に開幕ローテーション入りを果たすと、いきなり13勝をマークしてブレーク。新人王も獲得し、翌22年も比較的順調に白星を積み重ねていました。でも6月下旬から勝てなくなり、約2カ月、足踏み。

原因は分かっていました。

ピッチャーは打たれると、その1回の記憶が強く残ります。通算では抑えていても、たった一度、「ここは打たれたらアカン」という場面で痛打を浴びると、その後のピッチングが変わってしまうのです。

意識しすぎるんですね。それまで簡単にストライクを取っていたのに、ボール球が先行したり、明らかに攻め方が変わったりする。相手はまだ苦手意識を持ってくれているはずなのに、勝手に打者有利にしてしまうのです。

僕自身も経験がありますが、ピッチャーとはそれくらい繊細なもの。22年シーズンの宮城にはその弱さが出ていたので、絶対に勝てないと思いました。

「オレには分かる。そのままじゃ勝てないよ」

これしか言いませんでした。意地悪をしたわけではありません。本人の気づきが大切だと考えたからです。宮城なら自分で答えを見つけられる。その確信もありました。

実際、彼は自分で考えて答えを見つけ、また勝てるようになりました。8月以降に5勝を挙げて2年連続2ケタ勝利（11勝）。連覇に大きく貢献してくれたことは、ファンのみなさんご存じの通りです。

本人に考えさせるこの手法は、由伸という絶対的エースの存在と、ほかに計算できるピッチャーがいなければ使えませんでした。選手の将来を考えれば、自分で答えを見つけたほうがいいに決まっているのですが、条件がそろわなければ2カ月も待てません。〝育成〟という観点からオススメしたい手法ですが、会社などでは難しいでしょうか。

宮城とはタイプの違う、すぐ答えを求めて来る選手には、もったいぶらずに言うようにしていました。考えさせるとパンクする選手もいるのでね。

そういうピッチャーでも勝てるのか？

答えはYESです。今は多いかもしれません。身体能力が高いから、ある意味、頭を使わなくても抑えられるのです。野手にも言えることですが、考える野球の側面が少なくなってきたように思います。アメリカの〝ベースボール〟に近づいているというのか、力対力の勝負が多くなりましたよね。

それも野球の醍醐味ではありますし、メジャーで勝ち続けているピッチャーはちゃんと考えていると思うのですが、能力に頼りがちな選手が増えているのは、コーチをやってみて感じました。どちらかというと、リリーフに多いでしょうか。

そういった世代が指導者になったとき、日本の野球はどうなってしまうのか……ちょっと心配ではあります。

山﨑颯一郎への言葉

「今は真っ向勝負でいい」

能力で抑え込んでいる代表格です。まだ配球どうこうというレベルには達していませんが、そこを意識しすぎると彼のよさが死んでしまうので、「今は真っ向勝負でいい」と伝えていました。

経験を積めば、自然と考えるようになります。まだまだこれからのピッチャー。能力だけで抑えられるのは逆にすごいことですしね。19年に右ヒジじん帯を再建するトミー・ジョン手術を受けて、ちょうどなじんでくるころなので、今後の活躍が楽しみです。

性格もよくて、チームではいじられキャラ。よく〝一発芸〟をやらされています。練習のアップ前なんかにみんなにあおられて毎回、同じようなことをするのですが、それがまた面白くなくて(笑)。でも、やり続けるのもすごいなと思います。

オリックスは本当に個性豊かな選手が多い。彼を見ているとそう思います。

宇田川優希への言葉

「お前、顔に出したやろう。テレビに映ってたぞ」

個性的といえば、この選手を忘れてはいけません。23年のWBCでもかなり話題になりましたね。

育成選手から22年シーズン途中に支配下選手登録され、台頭。最初はもちろん大事な場面での起用はありませんでしたが、結果を残してどんどん〝昇格〟していきました。そのまま一気に日本代表にまで駆け上がったのですから、すごいことだと思います。

彼をひと言で表現するなら「天然」。野球をまだあまり分かっていないし、今そんなこと考える？　と突っ込みたくなるようなこともしてくれます。

優勝争いをしていた22年9月13日の東北楽天戦（楽天生命パーク）。3対3の8回途中から登板した宇田川は、イニングまたぎで9回も続投しました。二死二塁のピンチを招き、ベンチが岡島豪郎選手を申告敬遠という指示を出すと、宇田川が「えっ」みたいな表情をしたのです。それがブルペンにあるテレビに映し出された。

「アイツ、顔に出しやがった」

ブルペン担当の厚澤和幸コーチとそういう話になり、「どういう心境だったのか、僕が聞きます」と言いました。それまでなかったことなので、〝慣れ〟がそうさせたのかと思ったのですが……。

「お前、顔に出したやろう。テレビに映ってたぞ。勝負したかったんか？」

試合後、宇田川に尋ねると、彼はこう答えました。

「いえ、違うんです。申告敬遠も自分の四死球の数に入ると聞いたので、それが嫌だったんです」

あの場面でそれ考える？　1点もやれないサヨナラの場面で？　あきれましたが、それが宇田川という男。本当に天然なんです。

まだまだ自分の体を分かっていないところもあります。オフに体重を6キロ増やして23年のキャンプにやって来て、中嶋監督から「調整不足」とバッサリやられました。もちろん食べすぎて太ったわけではありません。トレーニングした上での増量ですが、今の彼に6キロは増やしすぎ。投げる感覚が変わってしまいます。

「投げ方が変わったんちゃう？　今までできていた動きができないのでは？」

そう聞くと、彼は否定しませんでした。

体重を増やしたいと聞いたとき、「やめておけ」と言ったんです。「今のままで十分。せっかくいい状態なんだから」と。でも、球速を上げたいと思ったのか、6キロも増やしてしまった。

体を大きくすることがいけないとは言いませんが、自分の体を分かった上でやらないと、股関節の動きが悪くなるなどの弊害もあります。今回に関しては、プロとして、日本代表としての自覚が足りなかったと言わざるを得ません。WBCで迷惑をかけなくてよかったです。

そんな宇田川ですが、僕がキャンプ取材に行って調子を尋ねると、テレビカメラの前で「順調です」と答えました。

おいおい、ちょっと待て。それはないやろ。監督に注意されて、メディアでも大きく報じられたのに。もちろん、撮り直しです。でも「順調です」以外の言葉がなかなか出てこなくて、僕に助けを求めてニヤニヤ笑う。テークスリーでやっとOKとなりました。

山﨑福也への言葉

「高さを頑張れ。もう一歩、考えよう」

「オレと体を換えてくれ。お前の体でオレが実践するから」

先ほど紹介したこのセリフ、特に山﨑福也によく言っていました。身体能力はすごく高いのに、生かし切れていない。本当にもったいない選手です。

この言葉を言うとうれしそうな顔はするのですが、どうもピンと来ていない様子でした。自分の能力の高さにまだ気づいていないのでしょう。野球についてもっと学べば、もっと勝てるのに。それだけのボールを持っているのに。だから、言い続けました。

「ここ気をつけて。そうすればもっと勝てるよ」

福也はにおわせても伝わらないタイプなので、できるだけ具体的に言うようにしました。宮城のようにヒントを与えるだけでは、「えっ、なんですか？ 分からないです。僕、どうしたらいいですか？」ってすぐ聞いて来るので。まるで考えることを拒否しているみたいに。

でも、具体的に注意しても同じ失敗をします。

「勝ちたくないの?」

そう言いたくなるほどでした。意識を変えれば次のステップに上がれるのに、そこで頑張れない。だから、勝敗はその日の運と展開次第。序盤に点を取ってもらうと、自分優位で投げられるからスイスイ抑えるけれど、接戦になると悪い方向へ行く。「甘いところへ投げたらアカン」という意識が強すぎるのか、かえって甘いところへ投げて打たれたり、フォアボールを出したり。

2試合連続で打たれて、次もダメならファームと首脳陣が思っていると、めちゃくちゃいいピッチングをするのも彼の特徴でした。崖っぷちに立つときっちり抑えるから、「毎回〝ラストチャンス〟って言うたろか」と笑ったものです。まあ、僕もどちらかといえばそのタイプなので、分からなくはないのですが……。

彼は僕と似ているのかもしれません。負けが先行して貯金をつくれないところも。僕の場合、ゲーム終盤で追いつかれたり、逆転されたり、ロースコアの試合で終盤の失点が多かったのですが、福也もその傾向があります。

終盤の勝負どころ、そこを抑えるか抑えないかが大事な場面で、僕はギアを上げることに専念していました。自分の中でリミッターを外し、腕をしっかり振ってトップギアで投げる。そして、痛打を食らう……。

「高さだけ間違えないようにしよう」

その意識が希薄だったのです。本当は力を入れることよりも、ボールの高さが重要だったのに。

福也も同じことをしていました。ギアを上げて、上げて……まるでわが身を見るようです。だから口酸っぱく言いました。

「腕をしっかり振るのはいいけど、高さを頑張れ。もう一歩、考えよう」

成果はこれから。意識や考え方を変えて自分に自信を持てれば、勝ち負けの数は逆転するはずです。

山岡泰輔への言葉

「お前、来年ちゃんとせんかったら、ぶっ飛ばすからな」

22年シーズン、ずっと一緒にキャッチボールをしたのが山岡です。左投げの人とやりたかったみたいで、「もし相手がいなければお願いします」と彼から声をかけて来ました。左投手とキャッチボールをした年に成績がよかったらしく、ゲン担ぎですね。

22年は6勝8敗と負け越しましたが、防御率は規定投球回未満ながら2・60と安定していたので、一応、役目は果たせたと思います。

ちなみに、僕はゲン担ぎやルーティン的なことはしていませんでした。気にするのが嫌だったので。球場が変わればブルペンもロッカーも変わりますし、遠征先によって枕も布団も変わる。そんな環境で決め事があると大変でしょう? だから何事も臨機応変に、と考えていました。

山岡に対しては、どちらかといえば手綱を締めるように接していました。金子千尋や西勇輝（現・阪神）といった自由奔放な先輩たちを見て育ち、レベルが違うのに、一緒になってのびのびとやってきたところがあると聞いていたからです。

僕と同じ社会人野球出身で、ルーキーイヤーから活躍。3年目には開幕投手を任され、2ケタ勝利を挙げて最高勝率のタイトルまで獲得しました。チームからは相当、期待されていたと思います。

ところが20年、21年といずれもケガで途中離脱。21年9月には右ヒジの手術もしました。日本シリーズには戻って来てくれましたが、こうハッパをかけたのを覚えています。

「お前、来年ちゃんとせんかったら、ぶっ飛ばすからな」

彼は寂しがり屋で、基本的にだれかと一緒にいたい〝かまってちゃん〟。このくらい強めの言葉で、でも冗談交じりに言うのがいいタイプなのです。

田嶋大樹への言葉

「タジ、嫌なことあった？　なかった？　どっち？」

純粋で繊細でまじめ。基本的にあまりしゃべらず、なんでも黙々と一人でやるタイプです。人とつるんで何かをするのが好きではないんでしょうね。

そういう性格なので、待っていても向こうからは来ない。だから、僕からどんどん声をかけて行きました。野球以外の話もしていると、徐々に心を開いてくれて。

「社会人のとき野球が嫌になって、やめようと思っていたこともあるんです」

そんなことまで話してくれるようになりました。

会話をしていると、いろいろなものが見えてきます。もし、距離を詰めたいと思う相手がいたら、積極的に話しかけてみてください。自分から行くのが苦手なだけなら、何か変化が起きるかもしれません。

田嶋は純粋すぎて、私生活でちょっと嫌なことがあると、それをマウンドに持って行ってしまうことがありました。打ち込まれたあと話をしていると……。

田嶋「ちょっと嫌なことがあったんで」
能見「えっ、ちょっと待って。それマウンドに持って行く?」
田嶋「……」
能見「そんなの持って行かんとって。自分が損するだけやで。オレが聞くから、次からは置いて行ってくれ」
それからは登板前の確認が必須。
「タジ、嫌なことあった? なかった? どっち?」
もしあったときは話してくれるようになりました。
23年のキャンプで「大丈夫?」と尋ねると、「大丈夫です!」とはっきり答えてくれたので、もう僕がいなくても大丈夫そうです。

吉田正尚への言葉
「このカウントだと、何を待ってるの?」

野手との交流もありました。

たとえば、吉田正尚（現ボストン・レッドソックス）。23年ＷＢＣでの活躍は見事でしたが、オリックス時代から素晴らしい選手だと思っていたので、僕からいろいろ質問していました。

「こういうカウントだと大体、何を待ってるの？」

「あのカウントであそこのボール待つの？」

阪神のときから金本知憲さんや福留孝介さんには聞いていました。

「僕と対戦するとしたら、どう待ちます？」

打者目線の意見はとても参考になりますし、成績を残しているのには必ず理由があるはずです。

鳥谷敬にも聞きました。

「どこに目付けしてる？」

ピッチャーが安全なコースだと思って投げた球が、実はバッターに待たれていることもあります。「裏」と思って投げた球が、打者にとっては「表」だったり。それは聞かないと分からないのですが、敵は教えてくれませんから、味方から情報収集するわけです。

杉本裕太郎への言葉

「打ち取られても堂々とベンチに帰って来い」

ラオウの愛称で親しまれている杉本は苦手なコースを攻められたとき、表情に出るタイプです。意識して練習している分、思わず出てしまう選手は少なくないのですが、ラオウはそれが激しい。

たとえば彼はインコースが苦手で、それが顔に出ます。

「それ、顔に出さないほうがいいよ。ここが苦手ですと言っているようなものだから。ピッチャーはどんどん攻めてくるよ」

そう言って諭したこともあるのですが、そもそも打席に入ったとき、「僕は今、状態が悪いです」と宣言しているようなオーラが出てしまいます。自分の中の迷いが、すべて外に出てしまうんですね。

「あのさぁ、そんなの出して得することは一つもないよ」

何度も言いました。ピッチャーからすると「よしよし、ラッキー」となりますからね。完全に見下ろされてしまいます。力はラオウのほうが上でも、立場が逆転してしまうのです。

「状態が悪くても打席では堂々と。打ち取られても堂々とベンチに帰って来い。悠然としていれば、ピッチャーは見抜けないから」

僕のアドバイスを素直に実践したラオウは、ベンチに帰って来て言いました。

「どうでした？　どうでした？」

かわいいヤツです。

吉田正尚クラスになると、自分の修正ポイントをちゃんと持っているので、調子が落ちても復活が早い。でもラオウはまだそれを確立できていないから、悪くなるととことん落ちて行きます。そして、最終的に訳が分からなくなって、「僕、どうなってます？」と聞いて来る。完全に迷路にハマった状態のときです。

純粋すぎて笑えますが、伸びしろはめっちゃあります。まだまだモロさはあるものの、一つのきっかけで大化けする可能性大。何しろ22年の日本シリーズＭＶＰですからね。正尚が抜けた穴を埋めてもらいましょう。

梅野隆太郎への毒のあるひと言

阪神時代はあくまで〝選手〟でしたが、1月の自主トレは投手、野手問わず後輩たちと一緒にやっていたので、「チーム能見」と呼ばれることもありました。

ただ、アドバイスなどはあまりしていなかったと思います。もちろん聞かれれば答えましたし、気づいたことは伝えましたが、食事のときにちょっと話す程度でした。

その食事も長くて2時間。食べたら解散！　僕はお酒を飲めないし、ゆっくり食べると途中でお腹がいっぱいになって量を食べられないので、シーズン中の遠征先でも食事はほとんどホテルで済ませていました。後輩から食事に連れて行ってほしいと言われても、「お金だけ出すから行ってきて」と。

付き合いの悪い先輩だったかもしれませんが、基本的に外食があまり好きではないのと、ホテルの食事で十分、満足できたので。ホテルはおかずの種類が少ないと文句を言う選手もいて、確かにそうかもしれませんが、せっかく用意してくれていますしね。そこは感謝の気持ちを持って。外食する店がなくて、ホテルが準備してくれていれば、みんな喜んで食べるでしょう？　発想を変えることも大切かなと思います。

話がそれましたが、自主トレのとき、梅野隆太郎には結構、苦言を呈したかもしれません。僕はグサッと突き刺さるようなひと言、毒のあるひと言を言うので、そのターゲットになっていたかも……。年齢は離れていますが、お互いにイジったり、イジられたりという関係性があってのことです。

キャッチャーとして変わってほしい、という強い思いからでした。

ウメはどちらかといえばキャッチャーらしい性格ではなく、バッティングに意識が行きがち。体が強く、ブロッキングや肩の強さといった捕手としての能力は高いので、正捕手としてバリバリやってほしい選手でしたが、打者を打ち取るためのピッチャーとの共同作業という点で、少し雑なところがありました。

若さゆえだったかもしれません。データ通りではあるけれど……という印象だったので、食事の席でこう言いました。

「もう少しこういうふうになってくれないと、投手陣からの信頼は得られないよ」

もちろん、その前に「ブロッキングにはめちゃめちゃ助けられてる」という言葉を添えて。

プラスアルファでこうなったらもっとよくなるよ、今のままじゃもったいないよ、という伝え方ですね。ほかのピッチャーに聞いても同じような意見だったので、僕の口からあえて厳しめに言いました。

選手をイジれる中嶋監督

プロ野球人生の最後に「兼任コーチ」を経験させていただいたことは、本当にいい勉強になりました。タイガースで終わるのとも、オリックスで選手に専念して引退するのとも違う。2年連続優勝、最後は日本一を経験させてもらいましたが、首脳陣の苦悩も、選手の頑張りも両方見ているので、それらが全部報われた瞬間は格別でした。

正直、オリックス自体はそんなに強くなかったと思います。選手層も薄かった。それでも優勝できたのは、選手のよさを引き出し、みんなの力を結集させ、上手にやりくりした中嶋監督の手腕と、それを支えたコーチ陣の力によるところが大きかったと感じています。

基本は人間対人間。

そんな当たり前のことを、この2年であらためて学ばせてもらいました。失礼を承知でいえば、中嶋監督とはウマが合いました。似ているわけじゃないですよ。僕はあんなに頭がよくないし、視野も広くありません。ただ、波長が合ったというのか、監督の下でやらせてもらえてよかったと思っています。

よくいじめられましたけど。

オリックス1年目、僕はブルペンを担当していたのですが、選手として肩をつくる日もありました。そんなときは、飯田大祐ブルペン担当補佐がベンチからの電話に出てくれます。

「こういうシチュエーションでこのバッターに回ったら能見さん、行きます」

指示を受けて肩をつくっていても、その打者まで回らないこともある。出番はなくなったけどもう少し……と思って投げていると、またベンチから電話がかかってきて、飯田補佐がこう言うのです。

「能見さん、ベンチが今すぐ画面から消えろって言ってます」

ベンチにはモニターがあってブルペンの様子が映っているのですが、出番のなくなった僕が投げているのを見て、監督がコーチに「能見に画面から消えろって言っといてください」と言ったらしいのです。

もちろん、本気じゃないですよ。「もう投げなくていいぞ」って意味なんですけど、言葉のチョイスが面白いでしょう？　たぶん、監督はニヤニヤしながら言っていたと思います。高山郁夫投手コーチによれば、監督は僕を呼ぶときいつもニヤニヤしていたそうです。なんの〝ニヤニヤ〟なんでしょうね。ベンチで「次、能見を行かせましょう」と言うときもニヤニヤしていたとか。不思議です。

そんなふうに選手をイジることが多い中嶋監督ですが、それはコミュニケーション能力が高いからできること。そして、いざというとき、必ず選手を守る監督だから許されることです。

だれかのミスで負けたとき、試合後は報道陣から必ずそこを突かれます。そこで監督は言う。

「われわれの指導力不足です。ちゃんとします」

報道を通じてそのコメントを聞いた選手がどう感じるかは、想像に難くありません。

そして翌日、監督は当の選手に言うのです。

「お前、アホちゃうか。あんなエラーないで」

「兼任」と「専任」の大きな違い

実際にやってみて分かったのは、兼任コーチは首脳陣と選手のいいハシゴ役になれるということです。

コーチ1人に対する選手の人数が多いので、首脳陣と選手の会話はふつう、それほど多くないのですが、僕はたくさん話すことができました。常に一緒に動いていたからです。そのおかげで選手個々の性格を把握し、接し方や伝え方を変えることができました。

理想は僕のように「選手にウエートを置いた兼任コーチ」でしょう。首脳陣の考えを知った上で、選手たちに同じ方向を向かせる役割ができます。

投手なら先発よりリリーフ。埼玉西武の内海哲也投手も兼任コーチをしていましたが（現・ファーム投手コーチ）、彼は先発だったので難しさもあったと思います。リリーフのほうが断然、多くの時間を選手と共有できますからね。

ただ、兼任コーチが1人いると、ほかのコーチの負担を増やしてしまいます。たとえば、僕がブルペンを担当していたとき、本来は投手陣のやりくりやファームとの選手の入れ替えなど、監督やほかのコーチと相談して決めなければいけないのに、そこには一切、かかわらなかった。ファームとの連絡も任せっきりでしたし、コーチとして頭数に入れられなかったと思います。理解を示してくださった監督、コーチのみなさんには感謝しかありません。

あのコーチングスタッフだったから、僕は兼任コーチとしてやってこられたと思っています。だから、今コーチをやりたいかと聞かれれば……自信がありません。

引退するとき、オリックスからいただいたコーチ就任の打診をお断りしたのは、ちょっとゆっくりしたかったのと、一度、外から野球を見て勉強したいと思ったこともありますが、「兼任」がつくのとつかないのとでは大きな違いがあると分かっていたからです。

オリックスコーチ陣の仕事ぶりを見ていたら、自分にはできないなと思いました。とにかく準備がすごい！　もちろんスコアラーがデータを集めてくれますが、それで終わりではなく、自分でも映像を見て確認し、ほかに選手の手助けになる情報はないか懸命に探します。

コーチはここまでやるのか。

阪神時代には気づけなかったことで、本当にすごいと思いました。兼任コーチのように、ただ選手に寄り添っていればいいわけではないのです。

当然、家族との時間も減るでしょう。そこまでやっても、選手が結果を出したとして、自分の手柄のようには言わないですしね。

いつか指導者になるなら

もし将来、指導者になるとしたら、育成を担当するほうが性に合っているかなと思います。一軍の勝負事はちょっと……。決断力がないですし、鬼になれない。選手のことを考えると非情にはなり切れない気がします。

アマチュアの指導者資格も取ったので、子どもたちや高校生、大学生、社会人にも教えることはできますが、一番難しいのは中高生でしょうね。小学生には基礎を教えればいいとして、そこから一歩前進したい中高生は、指導者によって方向性が大きく変わる時期でもあるので、非常に責任が重いです。

社会人になればある程度のレベルに達しているので、技術どうこうではなく、考え方や体の使い方を伝えることになるでしょう。今できていることも、なぜできているのか、ちゃんと体の構造を知り、筋肉がどのように連動しているかなど理解することで、調子を落としたときに修正しやすいし、ワンランク上の選手になれると思います。そのサポートをするイメージでしょうか。

いずれにしても、選手のいいところを引き出してあげたい、伸ばしてあげたい、生かしてあげたい。いつか指導者になるなら、そういう思いを持った指導者でありたいと思います。

Joshin
Joshin
Tigers
14
Joshin
85
Tigers

26

ありがとう！能
Buffaloes
26

第5章

野球を極める——投手の仕事

打席では2種類のバットを使い分けていた

引退してから時々、聞かれます。

「生まれ変わっても野球をやりたいですか?」

答えは〝YES〟。

野球をやりたい、というよりも、ほかの選択肢を思いつかない、というほうが正しいかもしれません。物心ついたときから野球が好きで、野球しかしてこなかったので、ほかのことがイメージできないのです。

ただ、次もまたピッチャーがいいかといえば、そうでもありません。今度は野手、キャッチャーをやってみたいですね。小学生のとき練習試合で守ったことはあるのですが、一人だけ反対を向いていて、見える景色が違う。大変なポジションだと思いますが、大人の目線で挑戦してみたいです。

バッティングも嫌いではありませんでした。

社会人野球は投手が打席に立たないので、プロで8年ぶりにバットを握ったときは、

「どうやって打つんだっけ?」。ボールを怖いとは思いませんでしたが、手が痛くなるし、最初は大変でした。

それでも〝9人目の打者〟としてなんとか打ちたい。その一心でした。

打てば自分を助けることにもなるので、少しでもヒットになる確率を上げるため、2種類の太さのバットを使い分けていました。

太いほうはバントのサインが出たとき。単純に面が広いほうが当たりそうでしょう?

細いほうは制約なしで打っていい場面。僕はホームランを狙っていました。

展開によって求められる役割が変わりそうなときは、2本のバットをネクストバッターズサークルに持って行くようにしました。

ピッチャーで複数のバットを持っている選手は珍しかったと思います。野手のを借りて打つ人もいるくらいですからね。そういう意味で、僕はバットにもこだわりがあった。バットの先端をくり抜いたり、くり抜かなかったり……メーカーの方にお願いして、いろいろ試していました。

うれしさを押し殺しながらダイヤモンドを一周

細めの軽いバットはホームラン狙いのときに使うと言いましたが、だれもピッチャーに期待はしていませんから、気楽なものです。狭い球場でランナーがいなければ、基本的に狙っていました。狙い球は変化球の1球種。プロの剛速球をスタンドまで運ぶのは難しいですからね。

でも、僕が18年間のプロ生活で放った唯一のホームランは、ストレートをとらえたものでした。2ボール1ストライクだったからです。カウントを整えたいピッチャーは真っすぐを投げてくる。その読みが当たりました。

2013年5月6日、東京ドームの巨人戦。1点リードの6回表、一死ランナーなしの場面で、僕はホームランを狙っていました。そして、笠原将生投手が投じた4球目のストレートに細めのバットを振り抜くと……打球はライトスタンドへ。

入るかどうか分からなかったので、最初は全力疾走しましたし、ホームランと分かってもあまりうれしそうな表情をしませんでしたが、それは大はしゃぎして、そのあと逆転を食らったら目も当てられないから。飛び上がらんばかりのうれしさを押し殺しながら、ダイヤモンドを一周しました。

本当はめちゃめちゃうれしかったんですけどね。高校2年の夏の大会で打ったことはありましたが、倉吉市営野球場という甲子園をモデルに建てられた球場で、ラッキーゾーンギリギリに入ったホームランでしたから。

本塁打を記録した巨人戦は、ピッチャーとして4安打2失点、7奪三振の完投勝利でした。それがシーズン2勝目。初勝利も巨人戦で完封勝ちだったのですが（4月9日＝甲子園）、その後2試合勝てず、約1カ月ぶりの白星でした。せっかくホームランを打っても試合に負けては喜べないので、ホッとしたものです。

逆に、僕が巨人の東野峻投手に東京ドームでホームランを打たれたとき（11年5月3日）、彼はすでに5失点していて、まったく笑顔がありませんでした。ピッチャーとしては当然です。その姿を見ていたから余計に、勝ててうれしかった。僕は勝利投手になれて、しかも完投でヒーローインタビューまで受けられて、いい思い出になりました。

プロに入ったときの目標の一つだったホームランは打つことができましたが、本当は盗塁もしてみたいと思っていました。相手バッテリーは無警戒なので、走ろうと思えば走れたはず。ただ暗黙の了解というか、チャンスがありませんでした。ケガも怖かったですしね。ランディ・メッセンジャーはそんなこと気にもせず、京セラドームで走りましたけど（苦笑）。

阪神の投手ではレアなヒッティングマーチをつくった

打席ではピッチャー能見は忘れて、バッター能見になり切っていたので、「塁に出たら次のイニングの投球に影響する」などとは考えませんでした。心がけていたのは、「相手ピッチャーに嫌がられることをしよう」ということ。簡単にワンアウトを献上しない！　粘る！　ということを意識していました。

ツーアウトを取って、「あとは能見を抑えるだけ」と計算している投手に対して、ボール球をしっかり見極めたり、ファウルで粘ったりすることは、かなり効き目があります。だれだって、早く3つ目のアウトを取りたいですからね。

「いい加減、アウトになってくれよ」

そんなふうにイラつかせることができれば、作戦成功。球数を投げさせるだけでなく、次の回の味方の攻撃にもつなげられるかもしれません。

相手投手に粘られるのは僕自身が嫌だったので、逆の立場でそれができるように、打撃練習も真剣にやりました。よく室内練習場でマシン相手に打ったりしていたので、チームメートからもメディアの人からも「能見はバッティングが好き」と思われていたようですが、なんとか試合で役に立ちたかっただけです。

僕にヒッティングマーチがあったこと、ご存じですか？　こんな歌詞でした。

鉄の左腕が唸《うな》りを上げる
任せたぞ　この勝負　今こそ決めろ
能見　能見

13年につくってもらいました。知り合いを通じて応援団の方にお願いしたんです。巨人なんかはピッチャーにも個別のヒッティングマーチがあるのに、阪神にはなかったので。

独自の応援歌を歌ってもらうとテンションが上がりますし、僕が先駆けになればみんなのもできると思ったのですが……その後、だれのもできていないのは残念です。西純矢のようにバッティングのいい投手もいますし、応援団のみなさん、ぜひご検討ください！

ピッチャーに「バントくらい決めてくれ」と言うなかれ

バント練習もたくさんやりました。でも、基本的にバントは決められないものだと思っていてください。ピッチャーが生きた球を見るのは週に一度だけ。そこでキレのいい変化球を投げられたら、バントを決めるのは容易ではありません。

「バントくらい決めてくれ」

ピッチャーはよくそう言われますが、ずっと違和感がありました。「何を言ってるの？　毎日試合に出ているレギュラー野手でも失敗するのに」と。

送りバントに対する守備側の考え方が変わってきているのです。

昔は「警戒してフォアボールを出すくらいなら、バントさせてワンアウトもらえ」

という考え方でしたが、今は「バントさせるな」になっています。ピッチャーのレベルも上がっているので、しっかりアウトを取りに来る。変化球の種類も増えていますから、難易度は上がる一方です。

もちろん、失敗していいとは思っていません。送りバントが得点につながれば自分を助けることになりますし、だからこそ、少しでも確率を上げようとバットの太さまで変えていたのです。

でも、マシンでの練習には限界がある。バントを決めさせまいと思って投げてくるプロのピッチャーの変化球は……えぐいです。

たとえば、広島時代のマエケン（前田健太。現ミネソタ・ツインズ）のカーブ。バントの構えをしていて、高めの真っすぐでボールと判断してバットを引いたら、真上から落ちてきてストライクを取られました。そんなボールを投げられるのです。「バントくらい……」なんて言わないでください。

送りバントを失敗すると、「リズムが狂って次のイニングの投球に影響する」とも言われますが、そんなことはありません。影響があるとしたら、失敗したときのベンチの雰囲気です。「なんで失敗するの？」という空気が漂うと、少なからず気になります。

現役時代にずっと違和感を覚えていたので、引退後、解説をさせてもらうようになってからは、バントの難しさをお伝えするようにしています。みなさん、ピッチャーが送りバントを決めたらラッキー、くらいに思って見守ってください。

スライダーの曲がり幅が大きすぎて

僕がプロで投げていた変化球はスライダー、フォーク、チェンジアップでした。あとはしょうもないシュート（苦笑）。年齢を重ねるにつれて、変化球の比率は高くなりました。真っすぐの勢いだけで押し込むのが難しくなったからです。サインを出すキャッチャーもそれは意識していたのではないでしょうか。

中でもフォークは大切な決め球でした。習得したのはプロに入ってから。僕にとっては比較的、新しい球種でしたが、いつの間にかなくてはならない存在になっていました。

第2章に書いた通り、もともとスライダーが得意で、高校時代からスライダーで勝負してきました。というより、ほかに投げられる変化球がなかったのですが。

今でこそ高校生もいろいろな変化球を投げるけれど、当時は少ない球種で抑えていました。ツーシームなんて、プロでもほとんど投げていなかったのではないでしょうか。シュート系のボールをツーシームの握りで投げていた人はいたかもしれませんが、それを「ツーシーム」とは呼んでいなかった時代です。

社会人のときも、基本は真っすぐとスライダーだけでした。シンカーっぽいボールも投げていましたが、あくまで「っぽい」。勝負球にしていたわけではなく、アクセントとして使う程度でした。フォークのような落ちる球がないと金属バットへの対応は厳しいと分かっていながら投げていなかったことは、すでに書きましたね。

プロに入った当初は、三振もスライダーで狙っていました。1年目の05年は何も言われなかったのですが、2年目になると、「スライダーの曲がり幅が大きすぎる。見極められるから小さくしたほうがいい」と言われて……。

二刀流で活躍する大谷翔平投手（ロサンゼルス・エンゼルス）のスライダーの曲がり幅が大きいと話題になっていますが、真っすぐとほぼ同じ軌道で最後にスライドするのはいいのです。

でも、僕の場合は早くから曲がり始めるから、バッターに球種を見極められ対応されてしまう、という指摘を受けました。

プロ2年目といえば、前年優勝の立役者、『JFK』の一角を担ったジェフ・ウィリアムスが左ヒザを手術して復帰が5月下旬となったシーズン。僕は先発調整をしていましたが、ローテーション入りが確実と思われていた福原忍さん（現・ファーム投手コーチ）が腰痛のため開幕に間に合わなくなり、リリーフ要員だった江草仁貴（現・ファーム投手コーチ）が先発へ。代わりに同じ左の僕がリリーフに回ることになりました。確か、最終的に決まったのは開幕1週間くらい前だったと思います。

3月31日、神宮での東京ヤクルトとの開幕戦。1点ビハインドの8回裏、無死一塁の場面でいきなり出番がやってきました。その日はピンチを広げながらも、なんとか無失点で切り抜けることができましたが、翌日は同点の8回途中から登板し、イニングまたぎで続投した9回に2人の走者をためて降板。最後は押し出し四球でサヨナラ負けを喫しました。敗戦投手は僕です。

開幕即いい場面で起用してもらいましたが、結局、4月だけで3敗。2日で2敗したこともありました（12、13日の中日戦＝甲子園）。どちらも同点で行って打たれるという、セットアッパーの役割をまったく果たせない内容でした。

その中でスライダーのことを指摘され、曲がり幅の小さいスライダーを投げるようにしてみたのですが、今度は大きく曲げられなくなってしまって。そこで新しい球種にチャレンジしたのです。

フォークの習得に取り組む

縦の変化が欲しくてフォークに取り組んでみると、それほど苦労せず投げられるようになりました。もともと僕の中で、ストレートとフォークの違いは指に挟むか挟まないかだけで、投げ方自体はあまり変わらなかったからでしょう。

手は大きくも小さくもなく、指もそれほど長くないので、最初はボールを挟むと痛いと感じていました。だから、人さし指と中指の間が少しでも広がるようにと、家でテレビを見ているときも、いつもボールを挟んでいました。そうすると、次第に広がってくるのです。右手で挟もうとすると今も痛いので、やはり左手は指の間が広がったのだと思います。

ただ、開いたからといって投げられるようになるわけではありません。最初は精度があまりよくなかったので、落ち方を徐々に小さくしていきました。スプリットみたいな感じですね。落差よりも、腕をしっかり振ることが大切だと考えたからです。

第3章にも書きましたが、僕の腕の振りに幻惑されたバッターは少なくありません。23年のキャンプで、埼玉西武からオリックスに移籍した森友哉選手にインタビューする機会があったのですが、僕の腕の振りが嫌だったと言ってくれました。

フォークで覚えているのは、14年11月のメジャーリーガーとの対戦です。日本プロ野球80周年記念試合として行われた、阪神・巨人連合チームとMLBオールスターチームの試合。場所は甲子園でした。

先発させてもらった僕は2回を1安打無失点に抑えたのですが、2回はカルロス・サンタナ（クリーブランド・インディアンス、現・ガーディアンズ）、ヤシエル・プイグ（ロサンゼルス・ドジャース）、ジャスティン・モーノー（コロラド・ロッキーズ）の四、五、六番から、すべてフォークで空振り三振を奪いました。

事前に行われた記者会見でも言ったのですが、全球フォークでもいいくらいに思っていました。僕の最大の武器ですからね。メジャーに行きたいとか、そういう気持ちはまったくありませんでしたが、せっかくのチャンスなので、メジャーリーガー相手に試してみたいと思ったのです。

当然、初見のバッターばかりでしたが、腕をしっかり振って投げれば、メジャーリーガーからも空振りが取れると分かりました。自信になったというより、いい思い出になりましたね。

翌日からは日本代表チームと『日米野球』が組まれていたので、「侍ジャパンに選ばれていなくても、こんな選手もいるよ」というアピールにはなったかなと思います。

得意ではなかったカットボールも投げた理由

変化球の中で、練習してみたけれど僕には向かなかったのは、カーブとカットボールです。

カーブは投げられませんでした。というより、投げ方が分かりませんでした。いろいろな人に聞いてみたのですが、それぞれ表現が違う。

カーブはよく「抜く」と表現されますが、ある人は「抜くんじゃなくて、上から下にたたくように投げる」と言っていましたし、またある人は「投げる瞬間に腕を引くイメージ」だと言う。「引っかける」という表現をする人もいました。本当に十人十色です。

逆にフォークが投げられないピッチャーもいて、僕が「こういう感じ」と説明しても、それを理解できない人もいました。感覚が大事なので、伝えるのは難しいのです。カットボールも得意ではありませんでしたが、シーズン途中からあえて使っていました。

今の時代、どのチームもデータをしっかり収集・分析しているので、たとえば7月くらいに急にデータにない球種を投げられると、バッターは「今の何?」となります。対戦が多ければ多いほど、相手投手の持ち球とその軌道をイメージして打席に入ります。どのあたりから曲がるのか。どのくらい曲がるのか。ピッチャーの好不調や、屋外球場なら風の向きや強さによっても変わりますが、それでも大体のことをイメージして待つのです。

そこでいつもと違う軌道のボール、イメージしていないボールが来ると、打者は戸惑う。精度はそれほど高くなくても、たまにしか投げないからこそ武器になるのです。

年齢を重ねて、いろいろな手法を使うようになりました。「こすい」とも言いますけどね（笑）。

イメージにないボールを投げられた打者は、キャッチャーに「今の何？」と聞いて来るようです。キャッチャーは本当のことを答えることもあれば、はっきりとは答えないこともある。それも駆け引きです。

エースと呼んでほしくなかった

「エースとは？」

現役時代からよく聞かれました。

答えは一つではないでしょうが、僕が考えるエースは、チームの顔として、苦しいときこそ平然と勝つ投手、勝負どころで結果を出す投手だと思います。ただローテーションを守って勝つだけじゃない、プラスアルファが必要で、言い換えれば、「負けられない試合で負けない投手」とも言えます。

たとえば、今のオリックスでエースといえば山本由伸、一択です。調子が悪くても負けないのですから、彼は本当にすごい。

もう一つ、エースの条件として「続けること」も大切です。1年だけ成績がよくてもエースとは呼べません。最低でも3年は続けないとダメでしょう。

そういう意味で、僕が09年に初めて2ケタ勝利を挙げた途端、「エース」とか「左のエース」とか言われるようになったのには驚き、戸惑いました。その後も「エース」と称された時期がありましたが、やめてほしいと思っていましたね。自分はふさわしくない、と。「エース」と呼ばれるに値するピッチャーなら、もっと勝てていたはずです。

「虎のエース」と聞いて思い浮かぶのは、同級生の井川慶です。彼は大事な試合に勝って貯金をつくり、それを何年も続けていました。

今のタイガースにも「エース候補」はいると思います。才木浩人、西純矢……青柳晃洋ももちろんそうですが、彼は打たせて取るタイプなので、そこがちょっと厳しいかもしれません。

歴代エースは奪三振が多いと思いませんか？　それは、バットに当たると何が起こるか分からないから。ポテンヒットもあれば、野手のエラーもあり得る。その点、三振なら〝ケガ〟をしなくて済みます。打たせて取るタイプがダメというわけではありませんが、大事な局面ほど三振で片づけられるほうがいいでしょう。

絶対的エースの存在がなくても、21年、22年の東京ヤクルトのように優勝はできます。2シーズンとも2ケタ勝利を挙げた投手はいませんでした。とはいえ、投手陣の「軸」「柱」としてのエースはいたほうがいい。そのピッチャーを中心にローテーションを組めますし、勝ち星を計算できる投手がいるとベンチはとても助かります。

山下舜平大とのキャッチボールは怖かった

エースといえば、開幕投手を任されるのが常です。23年のオリックスのように、プロ初登板のピッチャーが開幕投手に指名されるなんてことは、稀《まれ》。新人や新外国人選手を除けば2リーグ制以降初だったそうですから、さすがは中嶋聡監督、面白いことを考えます。

WBCに出場した山本由伸が開幕戦に投げられないという事情があったとはいえ、一軍で登板したことさえない山下舜平大が大役を任せられるとは、だれも思わなかったでしょう。

「開幕戦も初登板も緊張するなら、いっぺんにやっちゃったほうがいい」

中嶋監督らしい発想です。

舜平大本人は前日のインタビューで「あまり緊張していない」と言っていたようですから、大物ですよね。野球に限らず、若いスポーツ選手には、大きな大会を前にしても「緊張しない」と発言する選手が多くなっている気がします。余計なものを背負いすぎないということでしょう。

舜平大は埼玉西武との開幕戦（3月31日＝ベルーナ）で5回1/3を4安打1失点、7奪三振と好投しました。勝ち負けはつきませんでしたが、最速157キロをマークしていましたし、見事な投げっぷりだったと思います。

彼とはファームでキャッチボールをしたことがあるのですが、鉛のように重いボールを投げて来ました。距離が近づくと怖かったし、このまま受け続けたらグローブがヘタると思って、少しずつ下がったほどです。

阪神時代のジェフや藤浪晋太郎（現オークランド・アスレチックス）も近い距離でのキャッチボールは怖かったけれど、ジェフは横手投げでボールが自然と変化するから、晋太郎は近づいても全力で投げてくるからでした。

舜平大の場合はそれとはちょっと違っていて、ボールの勢いや重さが半端ない。初めての感覚で本当に怖かったです。

あのボールを投げられるのは、持って生まれたもののプラス、体の使い方でしょうね。ボールに力をうまく伝えられているのだと思います。でも、もっとよくなるはず。まだ20歳ですから。

近い将来、オリックスのエースになり得る逸材ですし、26年のＷＢＣにも出場しているかもしれません。

開幕投手の重みの変化

僕は11年、12年、14年の3度、開幕投手を務めました。

登板するときはいつも緊張していたので、「開幕戦だから」ということはありませんでしたが、いつもと違って野手の緊張が伝わってきました。ロッカールームにいるときから、ピリピリとした空気感がありましたね。

11年は東日本大震災があり、開幕は4月12日。甲子園の広島戦で7回途中に降板しましたが、9安打3失点で勝利投手になれました。優勝争いをしているときや連敗中など、みんなの思いを託された試合のほうが緊張はしたけれど、とはいえ、やはり開幕戦に勝ててホッとしたのを覚えています。

12年は京セラドームの横浜DeNA戦（3月30日）。7回を投げて8安打3失点と、なんとかゲームはつくりましたが、延長10回引き分けで勝ち負けはつきませんでした。14年は東京ドームの巨人戦（3月28日）。序盤から制球が定まらず、先制してもらった4点をすぐに吐き出して10失点。5回持たずにマウンドを降りた苦い思い出があります。

一度はやってみたいと思っていた開幕投手ですが、正直、〝重み〟のようなものは感じませんでした。チームによるのかもしれませんが、以前に比べて開幕投手の位置づけが変わってきているのではないでしょうか。

たとえば2000年代前半のタイガースには、「井川を中心に一年間戦うんだ」という雰囲気がありました。でも、そうしたものが徐々に希薄になって行った気がするのです。岡田彰布監督は、指名した開幕投手を「中心で回す」という発言をされていましたが、その後は「ローテーションピッチャーの中で一番目に投げる投手」になったような……。

ランディ・メッセンジャーのように開幕投手に意気揚々と名乗りを上げるピッチャーもいましたから、考え方は人それぞれですが。

阿部慎之助から聞いた「巨人キラー能見」対策

僕は「巨人キラー」と呼ばれていました。

これは嫌じゃなかった。むしろ、ありがたいと思っていました。巨人打線は強力で、そこに強いと言われるのは、ピッチャーとして認めてもらえた証しですからね。

ただ、巨人戦ばかり投げるのはしんどかったです。13年は対巨人全カードに先発しました。8試合に投げて3勝3敗。「キラー」としては物足りないかもしれませんが、あれだけぶつけられれば、どうしたって勝ったり負けたりします。投球回数は60回1/3でしたから、1試合平均7回以上投げていますし、防御率も2・83と悪くない。一応ゲームはつくっていたので勘弁してください。

同じ打者と何度も対戦するにあたっての特別な対策はありませんでした。ただ、向こうが僕を嫌がってくれるから、優位に立てていたのだと思います。

13年のＷＢＣ日本代表で一緒だった巨人・阿部慎之助さん（現・ヘッド兼バッテリーコーチ）が、こんな話をしてくれました。

「お前が先発のとき、いくらミーティングしてもずっと打てなかったから、一時期ミーティングがなくなった。低めを振るなと言っても振るんだから、いったん気分転換。対戦データを見て個人で対応してくれって」

素直にうれしかったですね。選手同士の評価はただでさえうれしいものですが、あの阿部さんの口から聞けたので、余計に。

対戦データということでいえば、実は僕は左打者を苦手としていました（対右打者通算被打率・２４１、対左打者通算被打率・２６０）。言葉で説明するのは難しいのですが、コントロールが定まらないというか、投げづらさがあったのです。

だから、本当は左を並べられると嫌でした。でも、巨人はそれをしてこなかった。いや、実際は左打者を並べられた試合があって、僕は打たれたと思うのですが、そのオーダーを続けられはしなかったのです。「左投手には右打者」という野球界のセオリーを重視したのか、それとも右打者の調子がよかったのか……本当の理由は分かりませんが、僕としてはラッキーでした。

左打者の並んだオーダーを見たときから「嫌だな」と感じていたので、その時点ですでに僕が不利だったんですけどね。

巨人戦の通算成績は22勝20敗。どうにか勝ち越すことができました。途中からあまり勝てなくなったので、いいところで終わらせてくれていたら、もう少し勝率も上がったと思うのですが（苦笑）。

勝てなくなった要因は、相手の進化と僕のパフォーマンスの低下。残念ながら、最後は僕のことを嫌がっていなかったと思います。

マウンドでもヤジはよく聞こえる

阪神対巨人、巨人対阪神は「伝統の一戦」と言われます。僕たちの世代は先輩方ほど強く意識することはありませんでしたが、周りが独特の雰囲気をつくってくれました。球場の盛り上がりがほかのチームとは明らかに違ったので、それはありがたかったですね。

下位に低迷することが多く「暗黒時代」と揶揄《やゆ》されていたころ、甲子園球場には閑古鳥が鳴いていたそうです。でも、僕が一軍で投げるようになってからはいつも満員御礼。大声援の中でプレーさせてもらいました。それは巨人戦に限らずですが、巨人戦は特に球場のボルテージが上がっていたように思います。

新型コロナで無観客試合を経験したときは、まるで練習試合のようで違和感しかありませんでした。ヤジが聞こえないのはいいのですが、シーズン中なのにそうじゃないような……テンションが上がらずおかしな感覚でした。ファンの声援のありがたみをあらためて感じることができたのは、コロナのおかげかもしれません。

みなさんはどのように思っているか分かりませんが、ヤジはよく聞こえます（笑）。特に甲子園は大半が阪神ファンなので、守備のときは意外と静か。しかも、慣れている人は周りが静かになったタイミングで大きな声を出すので、マウンドにいても本当によく聞こえるのです。

結果を出せていない、認められていない選手は、何を言われても仕方ないところがあります。僕も経験しました。2ボールになるとスタンドがざわめきだして、「ちゃんと投げろや〜」の声。心の中では「ちゃんと投げてますけど」とつぶやくのですが、もちろん口には出せません。
ただ、ある程度、実績を残した選手に対する心無いヤジは……。ピッチャーの交代が告げられて、名前がコールされただけでスタンドがざわついたり、ヤジが飛んだり。あれはキツいです。
23年4月には阪神球団が公式Twitterにこのようなメッセージを出しました。

【重要】球場での声出し応援が可能になっておりますが、観戦されるファンの皆様におかれましては、「選手を誹謗《ひぼう》中傷するようなヤジ」や「侮辱的な替え歌」は絶対にお止め頂きますようお願いいたします。選手を勇気付ける声援を送り、共に「A.R.E.」を目指して行きましょう!

ぜひヤジではなく声援を! お願いします。

球場によって投げ方を変える工夫をする

巨人以外で相性がよかったのは広島です。通算26勝18敗1分け、防御率もセ・リーグの球団では唯一の2点台（2・84）でしたから、むしろ「広島キラー」だったと言えます。

逆に分が悪かったのは東京ヤクルト。11勝16敗と大きく負け越しました。

球場の影響も大きかったと思います。

広島の本拠地・マツダスタジアムは投げやすい球場でした。ホームベースとバックネットの間が狭くて、バッテリー間の18・44メートルを近く感じられたのです。09年の開場から6戦6勝。11年4月26日にストップするまで勝率10割だったので、その後、マウンドの傾斜が少し緩やかになったのは、しっかりと傾斜があったほうが投げやすい僕にとっては、あまりうれしくない変更でした。

逆に投げづらかったのは東京ヤクルトの本拠地・神宮球場。球場自体が狭いので、それだけでピッチャー不利になります。狭い球場ではボールの高さをより意識して、

「低く、低く」と念じながら投げなければならず、広い球場に比べて大胆な攻めができなくなるのです。

バッターの意識も変わります。振り回さなくてもスタンドに届くと思えば、コンパクトなスイングになる。力の抜けたいいバッティングをされてしまうので、やはりピッチャーが不利になります。

神宮以外にも東京ドームや横浜スタジアムはホームランに要注意でした。横浜スタジアムは外野のフェンスが高いのに、平凡な打球が風で伸びてスタンドに入ることもありました。

もう一つ、神宮球場が投げづらかったのは、ホームベースの辺りが高く感じられたからです。あり得ないことですが、マウンドよりも打席のほうが高いのではないかと錯覚するほど。投手コーチには「ワンバウンドのボールを投げるくらいのつもりで」とアドバイスされました。

何が原因だったのかは分かりません。ただ、途中からそういう感覚はなくなったので、どこか形状が変わったのかもしれませんね。

ほかに投げづらかったのは札幌ドーム。第3章にも書いた通り、最初は投げやすかったのですが、次第にマウンドが硬くなり、ピッチャー泣かせの球場になりました。みんな、骨盤のあたりが痛くなると言っていましたからね。

マウンドが硬いと、踏み込んだ前足、僕でいえば右足に力を込める前に、反発して戻って来てしまうのです。右足を踏み込んで、そこから体重を乗せて行きたいのに、ストップがかかったようになって、頑張らないと体を回転させられない。それで骨盤あたりが痛くなるのです。グラウンドには穴も開かず、スパイクの歯型しか残りません。北海道日本ハムのピッチャーはよく投げていたと思います。

マウンドが硬いと手投げになってしまう弊害もあったので、対策として、札幌ドームでは踏み出す足の歩幅をいつもより小さくしていました。通常6足半のところを6足にして、少しでも体重を前足に乗せる。無理をしなくても体を回転させられるように工夫していました。

球場によって歩幅は変えていましたね。そういうのは経験の中から編み出されるもので、長くやっていると自然と引き出しが増えてきます。「自分のフォームで投げられないとダメ」ではなくなるのです。

僕は軟らかめのマウンドが好きだったので、地方球場を得意としていました。13年には松山（愛媛・坊ちゃんスタジアム）、富山（アルペンスタジアム）、那覇（沖縄・セルラースタジアム）と、3つの地方球場で勝ったんですよ。

軟らかいマウンドが投げやすかったのは、野球用語でいう「遊び」ができるから。硬いマウンドとは逆に、前足を踏み込んだとき止まらずにちょっとだけズレる感覚があって、そこに「間《ま》」ができるのです。

小さいころから硬いマウンドで投げたことがなかったので、自然とそうなったのかもしれません。

甲子園初登板は阪神入団前の映画出演で実現していた

阪神の本拠地・甲子園球場はどうだったかというと、あまり勝率はよくありませんでした（通算39勝36敗2分）。バックネット裏のフェンスが低く、マウンドと観客席の高さが同じように感じられて、マツダスタジアムとは逆にホームが遠く見えたのです。ホームグラウンドに苦手意識を持つとよくないので、できるだけ気にしないようにしていましたが。

高校時代に目指して夢破れた甲子園球場で初めて投げたのは、プロ1年目のオープン戦……ではなく、実は社会人時代。元ヤクルト、巨人の長嶋一茂さんが主役を務め、02年に公開された映画『ミスター・ルーキー』に阪神の選手役で出演したときでした。僕が所属していた大阪ガスのほか、NTT西日本や三菱自動車京都の硬式野球部員が動員されたのです。

それまでにも三塁側のアルプススタンドで試合を観戦したことはありましたが、グラウンドに立ったのは初めて。「広いけどポール際は狭いな」というのが第一印象でした。

僕の役どころは、連敗中に中継ぎ登板して痛打され、敗戦投手になるピッチャー。降板後にベンチに座っていると、「代打・バース（ランディ・バース）」が告げられるというシーンにも登場しています。

「バース選手が代打に出てくることは知らない設定なので、みなさん、驚く表情をしてください」

そう指示されたのですが、ちゃんとできていたでしょうか。

劇中の背番号も「14」でした。大阪ガスで着けていたからですが、当時は肩痛などで思うように投げられていなかったので、3年後にもう一度タテジマのユニフォームを着て、背番号「14」を背負うことになるとは想像していませんでした。

思わぬところで夢がかなってしまったので、プロに入って甲子園で投げたときは、それほど感慨はなく……というオチがついてしまいましたが。

甲子園初勝利は1年目の05年9月18日、ヤクルト戦でした。

ファーム落ちを経て、約1カ月ぶりに一軍での先発チャンスを得た試合。安藤優也さん（現・投手コーチ）が諸事情で急きょチームを離れることになり、ピンチヒッターに指名されたのです。

鳴尾浜で予定されていた練習試合に投げる準備をしていたのですが、当日の朝9時過ぎに連絡が入り、甲子園へ。14時開始のデーゲームでバタバタでしたが、立ち上がりに2点を失ったものの、その後はゲームをつくることができました。5月8日の北海道日本ハム戦（札幌ドーム）以来となる3勝目。代役を果たせてホッとしました。

ちなみに、阪神時代からよく試合をし、オリックス移籍後は本拠地となった京セラドームはマウンドに適度な傾斜があって、バックネットまでの距離も近いので投げやすい球場でした。

見逃しと空振り、どちらの三振がうれしいか

18年間のプロ生活で僕が唯一手にしたタイトルは、12年の『最多奪三振』です。その年の奪三振数は172個。前年のほうが186個と多かったのですが、マエケンに6個及ばずセ・リーグ2位でした。

オリックスに移籍した21年には通算1500奪三振も達成しました（5月8日、対千葉ロッテ＝ZOZOマリン）。NPB史上57人目で、41歳11カ月での到達は小宮山悟さん（元ロッテほか）に並ぶ史上最年長タイ記録だったそうです。時間がかかっただけなので自慢はできませんが。

球団広報の方が気を遣ってボールを取っておいてくれたので、家に飾っています。土がついていたのはフォークで空振り三振を取ったから。僕の真骨頂ですし、それも含めていい記念になりました。

通算奪三振率は7・83と際立って高いわけではありませんが、それでも僕には「三振」のイメージがあるようです。

オリックスの山岡泰輔は小学生のころから僕をテレビで見ていて（年齢差が分かりますね）、「めちゃくちゃ三振を取る人」というイメージだったと言ってくれました。ただ、僕自身に三振へのこだわりはほとんどありませんでした。ピンチのときに取れればありがたいから、追い込んだら狙おうかな、程度。エースの話のところにも書きましたが、前に飛ばされない三振には〝ケガ〟の心配がないからです。

ご存じの通り、三振には見逃しと空振りがあります。

キャッチャーは見逃し三振のほうを喜びます。「コースがよくて手が出なかった」という場合もありますが、基本的には相手打者との読み合い、裏のかき合いの末に勝つ、配球の勝利ですからね。

今も鮮明に覚えているのは、広島とのクライマックスシリーズ（ＣＳ）で會澤翼選手から見逃し三振を奪ったシーンです。

14年10月12日、ＣＳファーストステージ第2戦（甲子園）。広島先発の大瀬良大地投手と僕は6回までともに無失点でしたが、7回、僕が二死満塁のピンチを招きます。そこで會澤選手をカウント2－2と追い込み、内角へのストレートで見逃し三振に仕留めたのです。

僕は左手で小さくガッツポーズしましたが、あれは鶴岡一成捕手（現・横浜DeNAファームバッテリーコーチ）の勝利。経験がモノを言ったと思います。會澤選手は天を仰ぎ、バックネット裏で観戦していた俳優の渡辺謙さんは立ち上がって喜び……その姿がテレビに映し出されて話題となりました。

逆に、ピッチャーは「打ちに来たけどバットに当たらなかった」という空振り三振のほうがうれしい。力で勝った、と思えますからね。

僕のフォークにクルクルとバットが回っていたのは、広島にいたスコット・マクレーン選手です。11打数9三振でしたから、マーティ・ブラウン監督が「能見病にかかっている」と言ってスタメンから外したのもうなずけます。僕としては出てほしかったですが。

佐々木朗希の13者連続奪三振をブルペンで見て

11年4月19日の巨人戦（甲子園）で記録した、7者連続を含む10奪三振も記憶に残っています。7者連続は小山正明さん、村山実さん、江夏豊さんら偉大な先輩に肩を

2011年4月19日、甲子園。巨人戦で初回のスリーアウト目から3回まで7者連続三振を奪った

並べる球団タイ記録だったそうです。

あまりに三振するので、「わざとやられてるんちゃうか」と疑いたくなるほどでした。シーズン序盤でしたから、わざと振って、次からそのボールを投げさせる〝種まき〟なんじゃないかと。

初回のスリーアウト目から3回まで7者連続。球数は増えるし、しんどくなってきて、4回からは打たせて取るピッチングにシフトしました。先頭の坂本勇人選手をすぐに追い込み、チェンジアップでショートゴロ。8者連続で球団新記録と分かっていれば、狙ったのですが。

7者連続とか8者連続なんて、千葉ロッテ・佐々木朗希投手の13者連続に比べれば、どうってことない数字ですけどね。それまでの日本記録は9者連続。メジャーでも10者連続が最多と言いますから、いかにすごいピッチングだったかが分かります。

22年4月10日、ZOZOマリンで佐々木投手の餌食《えじき》になったのは、わがオリックスでした。僕はブルペンで見ていたのですが、打てる気がしませんでしたね。

基本は真っすぐとフォーク。でもフォーク待ちはなかなかできませんし、狙ったとしても、たぶん軌道が同じなので打者には真っすぐに見える。そのフォークも150

キロ近く出るのですから、もう異次元です。

いつもは真っすぐが少しシュート回転するピッチャーなのに、あの日はそれもありませんでした。シュート回転すれば球威が少し落ちますから、ヒットにできるかは別として前に飛ぶ確率は上がります。でも、あの試合は打ちに行ってもファウルにしかならない、前に飛ばない質のいい真っすぐを投げていました。プラスフォークですから、いつも以上に異次元のピッチングをされたわけです。

打者によって〃ギア〃を変えているようにも見えました。吉田正尚のときにはギアをちょっと上げていた。ボールの質をワンランク上にして打ち取っていたと思います。あの若さでそれができるのですから、本当にすごい。

結局、オリックスは19三振を喫して完全試合をやられました。

実はブルペンで「今日はやられるんちゃうか」と話していました。0対0なら分かりませんでしたが、オリックス先発の宮城大弥が先に点を取られちゃいましたしね。

佐々木投手はまだ進化の途中。底が知れません。

ウマが合ったキャッチャーは狩野恵輔

阪神で16年、オリックスで2年、僕はたくさんのキャッチャーに受けてもらいました。打者を打ち取るのは投手と捕手の共同作業。長く組んでいれば呼吸が合って、打ち取るまでの〝道筋〟が見えてきます。

「きっと、最後はこのボールだな」

勝負球から逆算して、そこに持って行くための組み立て、キャッチャーの意図が分かるようになるのです。

当然、そうなれば投げやすい。サインが出る前に「次はこれだな」と球種を予想してグラブの中で握っていることがあるのですが、それがサインと合致すると、「やっぱりな」という感じでスムーズに投げられます。

一人の捕手と長くコンビを組むメリットと言えますが、僕はタイプの違う複数のキャッチャーに受けてもらえてよかったと思っています。僕のよさをいろいろな形で引き出してもらえて、その蓄積が財産になったからです。

ただ、波長が合う、合わない、というのはあります。

やりやすかったのは狩野恵輔ですね。プロ5年目にして初めて結果を残せた09年に組んだのですが、狩野もその年、高卒9年目で初めて開幕スタメンマスクをかぶり、初めて一軍で100試合以上に出場した〝実質プロ1年目〟同士のバッテリー。

前年オフにベテランの野口寿浩さんが横浜にFA移籍し、正捕手の矢野燿大（当時は輝弘）さんがケガで出遅れたことから狩野にチャンスが回ってきたのですが、力がなければ1つしかない捕手のポジションを任せられることはありません。やはり狩野はキャッチャーとして優れていたのだと思います。

彼はデータを大切にしながらも、「自信のあるボールをどんどん投げてください」というタイプの捕手でした。

矢野さんも同じで、「首を振って、自分が投げたいボールを意図を持って投げろ」と言ってもらいましたが、4年目までの僕は一軍とファームを行ったり来たり。矢野さんとコミュニケーションを取る機会は少なく、僕自身にそこまでのプランもなかったので、基本はお任せしていました。矢野さんとしては物足りなかったかもしれませんが……。

その点、狩野は年下で「これから」という選手だったので、僕の〝色〟を出すことができました。狩野も自分の持ち味を出せたのではないかと思います。それがお互いの結果につながったのでしょう。

正直、あの年の狩野は大変だったと思います。一軍の緊張感の中、初めてのピッチャーをたくさん受けて、初めてじゃないシモさん（下柳剛）のときは、気を遣って倍以上疲れて（笑）。

僕にはそんなに気を遣っていませんでしたね。

狩野「ピンチになったらお願いしますね。僕、分からないんで」

能見「OK、OK。オレも分からんけど（笑）」

そんな感じでした。

実は当時、狩野とは同じマンションに住んでいて、お互いの部屋を行き来するなど、家族ぐるみの付き合いをしていました。そういう選手は少ないのでウマが合ったのでしょう。チームの中で一番たくさん会話をして、お互いに成長できたシーズンでした。

ところが、そのオフにメジャー帰りの城島健司さんが加入したことで、狩野の出番は激減。チームとしては当然の補強だったと思います。09年は4位、Bクラスだったのですから。でも、狩野にとっては……。

10年オフに狩野が椎間板ヘルニアの手術をしたとき、僕は言ったのです。

「先は長い。1年休んでちゃんと治したほうがいい。今、城島さんを控えに置くわけはないんだから、かえって休める。無理するな」

でも狩野にしてみれば、ようやくレギュラーの座をつかみかけたところで城島さんが入ってきて、焦りもあったのでしょう。よくなりかけては無理をしてぶり返す、という繰り返しで、外野手登録になったり、育成選手契約になったり。結局、捕手として納得のいくシーズンを送ることはできませんでした。

09年に一緒に頑張った僕としては残念でしたが、狩野はそこで終わらなかった。ファンに愛される代打として勝負強さを発揮し、存在感を示したのです。きっと、捕手の視点や頭脳が生かされたのでしょう。あの年、僕がプロの世界で初めて成績を残せたのは、間違いなく狩野のおかげ。今も感謝しています。

ほかにも岡﨑太一や小宮山慎二など、狩野以外の年下のキャッチャーとも僕は比較的、相性がよかったように思います。年上の方には「もっとこうしてほしい」などとなかなか言えない性格だったので、年下のほうが気が楽でした。

同じAB型・藤井彰人との互いに折れないやりとり

年上の捕手に助けられたことも、もちろんたくさんあります。プロ入り当初は矢野さんや野口さん、30代前半は城島さん、30代中盤にかけては藤井彰人さん（現・広島ヘッドコーチ）。その時々の僕に合ったリードをしていただきました。

藤井さんと組む機会が増えたのは、僕の力が少しずつ衰え始めたころ。変化球を多投したり、打者との駆け引きをより重視したり、シフトチェンジが必要になった時期でした。

「なかなか真っすぐのサインが出ないな」

そう感じて変化球のサインに首を振り、自分の判断で真っすぐを投げたこともありましたが、よく考えると、真っすぐで勝負できなくなっていたのだと思います。

その時期のキャッチャーがベテランの藤井さんでよかったです。若手だと僕の意見を優先して、かえって痛い目に遭っていたかもしれません。

ベテラン捕手の配球には、しっかりとした根拠があります。特に説明がなかったのは、僕を尊重してくれていたからでしょう。真っすぐ勝負は難しくなっていると、はっきり言ってくれてよかったのですが、藤井さんは僕を傷つけないようにしてくれたのだと思います。

藤井さんと僕は血液型がABで同じ。性格的にどちらも折れません。あるバッターとの対戦。2ストライクと追い込むと、藤井さんは変化球のサインを出しました。前の打席は真っすぐで打ち取っていたバッターです。僕は首を振って真っすぐを投げました。

結果的に打ち取ってベンチに帰ると……。

藤井「あそこは真っすぐじゃないよ」

能見「いや、でも打ち取りましたから」

藤井「でも危ないよ」

能見「前の打席も真っすぐでしたし」

エンドレスです（笑）。

もう一度ピッチャーをするなら

捕手のサインに首を振っても、それが違う球種を投げたい意思表示とは限りません。打者をだますために振ることもありますし、逆に、振らずに違う球種を投げることもある。ピッチャーがうなずかなければ、それは首を振ったのと同じ。キャッチャーはサインを出し直してくれます。そのあたりは「あうんの呼吸」ですね。

あまり首を振りすぎるとピッチャーの傾向が出て、「あの球種を投げたいんだな」と打者に読まれてしまうこともあるので、そこは注意しなければいけません。

そうした捕手とのやりとり、打者との駆け引きこそがピッチャーの醍醐味で、それを楽しいと感じる選手もいるようですが、僕はしんどかった。

どちらかといえば真っ向勝負ができるリリーフと違い、先発投手が駆け引きなしで打者を抑えるのは難しいので、僕も否応なしにやっていましたが……。駆け引きを必要としない、力でねじ伏せられるピッチャーもいるので、できればそちらになりたかったです。

生まれ変わったら野手になりたいと書きましたが、ピッチャーが嫌だと思ったことはありません。ただ、もう一度ピッチャーをするなら、違う景色を見てみたい。

藤浪晋太郎のような長身だったら？

藤川球児のようなスピードボールを投げられたら？

山本由伸のような多彩な変化球があったら？

彼らは一体、どのような感覚で投げているのか。体験してみたいものです。

第6章

心の弱さと向き合う——ポーカーフェイスの内側

なぜポーカーフェイスを貫いたのか

「ポーカーフェイス」

僕の代名詞になっていた言葉です。でも、それはプロに入ってから。社会人時代は感情を表に出していましたし、マウンドでふつうに吠《ほ》えていました。一発勝負というのが大きく関係していたと思います。みんな熱くて、喜怒哀楽を出すのが当たり前でした。

でも、プロに入るとギャップがありました。負けても、思っていたよりみんなあっさりしている。「また明日！」という感じ。

そりゃあ、そうです。プロは毎日試合があって、しかも長丁場。勝ち負けや自身のプレーに一喜一憂していたら、もちません。ミスを引きずって同じ失敗をしたら最悪ですから、感情の波は少ないほうがいい。切り替えがより大事だと学びました。

そういう意味で、社会人時代に比べると、1試合に対する気持ちの高揚は少なかったと思います。それが「ポーカーフェイス」につながっていったのかもしれません。

相手に弱みを見せたくない、感情を悟られたくない、というのも大きな理由でした。手痛い一打を浴びても、「やられた」という表情をしたり、がっくり肩を落としたりはしません。相手に「アイツ、ダメージ食らってるな」と思われていいことは何もないですからね。精神的に優位に立たれるだけで、こっちにとってはマイナスでしかありません。

逆に、そこで僕が平然としていると、相手ベンチもそこまで盛り上がらないでしょう。無表情でいることには、そういうメリットもあるのです。

ピンチの場面で抑えて、心の中では「よっしゃー!」と思っていても、「計算通りですよ」みたいな顔をします。本当は心底ホッとしていて、マンガなら吹き出しに「よかった~」と書きたいときでも、です。

オリックスで兼任コーチをしていたときは、選手にも「表情に出さないほうがいいよ」と言っていました。

ピッチャーよりもバッターのほうが、表情や態度に出る傾向があります。打席で首を傾げるだけでも、「あ、タイミングが合っていないんだな」と分かり、投手としては「よしよし」「しめしめ」ですが、打者にとってはマイナスでしかありません。

苦手な球種やコースに反応して顔に出るのは、外国人選手に多かったですね。広島のブラッド・エルドレッド選手はフォークが苦手で、あからさまに嫌な顔をしていました。対戦成績は43打数7安打、打率・163。退団後、一番嫌だった投手に僕の名前を挙げてくれていたそうです。

巨人－横浜DeNAでプレーしたホセ・ロペス選手も顔に出るタイプでした。苦手なインコースのボールを延々とファウルするのですが、その分、カウントは取りやすい。何度も対戦していれば僕の攻め方が分かっていたはずなのに、そのスタイルを変えなかったのは不思議です。

日本人では、巨人の長野久義選手もインコースの球をよくファウルでカットしていました。苦手だからでしょうが、あえてそこを狙い打ちされたこともあります。しっかり対応してくるのが日本人選手と外国人選手の違いですね。

ベンチを蹴り上げたあの夜

グラウンドでは喜怒哀楽を出さないように努めていましたが、一度だけ「怒」を爆発させてしまったことがあります。

13年8月29日、東京ドームの巨人戦。9回途中で降板した僕が、ベンチを蹴り上げ、グラブをたたきつけたシーンを覚えている方も多いでしょう。

よい子はマネしないでくださいね（苦笑）。

そのシーズン、阪神は巨人に12・5ゲーム差をつけられ2位に終わったのですが、8月はまだゲーム差が1ケタで、なんとか踏みとどまっている状況でした。優勝争いから脱落しないためにも、3連敗だけは避けたかった直接対決。でも1、2戦目に敗れて、ゲーム差は7に広がっていました。

迎えた第3戦。先発した僕は初回から飛ばして行きました。7回まで無失点に抑えて2対0とリード。8回にピンチを招いて1点を失いましたが、なんとかリードを守ることができました。

そこでもういっぱい、いっぱい。だから、ベンチに戻って中西清起投手コーチに言いました。

「負けられない試合ですし、代えてください」

抑えの福原忍さんがブルペンで準備しているのも分かっていました。ところが……。

「監督が続投と言っている」

中西さんから意外なことを言われました。

「いやいや無理です」

僕は首を横に振りましたが、中西さんを間に挟んで3回くらい同じことを伝えても、和田豊監督（現・ファーム監督）は「続投」の一点張り。9回のマウンドにも上がらざるを得なくなりました。

正直、余力を残していなかったので、「よし、あと1回頑張ろう」という気力も湧きませんでした。

先頭の村田修一選手にいきなりツーベースを打たれ、続く高橋由伸選手もヒットで一、三塁。坂本勇人選手の犠牲フライで同点に追いつかれました。

そこで交代。

「あれだけ言っても続投させたなら、この回、任せてくれよ！」

それが本音でした。腹が立った僕は、ベンチに帰った瞬間、「ふざけんな！」とベンチを蹴り上げ、グローブを投げつけ……。

よくないのは分かっています。でも、そのときばかりは感情を抑えられませんでした。結局、延長10回サヨナラ負けを喫した阪神は、絶対に避けたかった3タテを食らいました。

どういう意図で続投させたのか、和田さんに聞いたことはありません。いまだに疑問なので、チャンスがあれば聞いてみたいと思います。

メンタルは強くない

僕はメンタルが強そうに見られますが、実はそうでもありません。自分の弱さを知っているから、それを悟られないように虚勢を張っていただけです。厳しいプロの世界、相手に付け込まれたら終わりですからね。それが「ポーカーフェイス」の理由でもあります。

メンタルの弱さを露呈してしまったのは、社会人のときでした。投内連係の練習でサードに投げられなくなったのです。投げれば悪送球。大きなミスをしたわけではないのですが、変なプレッシャーがありました。

社会人チームは選手の人数があまり多くないので、投内連係の練習は必ず全員でやります。だれかが失敗すると最初からやり直し。ミスを繰り返すと、2回目でもう「おいおい」という空気になります。次は大丈夫か？　みんなの視線が痛くなり、それがプレッシャーに変わると、ちゃんと投げられなくなって……。

克服するために毎日、居残り練習をしました。みんなが帰ったあと、ネットを引っ張り出してきて、三塁ベースのところに置いて。

「慌てるな。落ち着いて」

そう自分に言い聞かせながら、ひたすら投げる練習をしました。僕の場合、すぐに正しい体の使い方を取り戻せましたが、こういうのが長引くと、「イップス」と呼ばれる症状に悩まされるのでしょう。

プロで似たような経験をしている選手も少なくありません。送球のとき、ヒジから先の感覚がないという選手もいました。

「距離感がつかめないから、ボールの放し方が分からない」

そういう選手は下からトスするか、ワンバウンドのボールを投げるしかないのですが、それだけプロはプレッシャーが大きいということです。自分のプレーがチームの勝敗に直結し、だれかの成績に直結し、その選手の年俸にまで影響する可能性がありますからね。

でも、結局は気持ち。イップスに苦しむ選手たちも、キャッチボールではふつうに投げられるわけですから。本当のところは当事者にしか分かりませんが、僕ももっと精神的に追い詰められていたら、その状態になっていたかもしれません。

重圧は常にありました。「エース」と呼ばれたりすると、余計に。自分では思っていないし、発信もしていないけれど、周りは僕をそういう目で見て大きな期待をかけてくる。試合前から「勝てるでしょ」と言われたり、負けても「仕方ないよね」で済ませてもらえなかったりするのは、なかなかしんどいものです。最初は気にしていないつもりでも、だんだんとプレッシャーを感じるようになりました。

もう一人の能見篤史を演じていた

素顔の能見篤史はどうか?

どちらかといえば感情豊かなほうだと思います。意外?　いえいえ。引退後の僕を見てもらえれば、というより、オリックスに移籍してからの僕の言動を見てもらえれば、ポーカーフェイスでも鉄仮面でもないことがお分かりいただけるでしょう。

阪神時代は素の能見篤史を隠して、もう一人の能見篤史を演じているところがありました。タイガースには特殊な事情があったからです。

僕と同じように、現役時代と引退後でイメージが変わったと言われているのは鳥谷敬。今のトリを見て、「こんな人だったの？」と驚いているファンは多いはずです。

本来はよくしゃべるタイプで、ロッカールームやウエート・トレーニング場では彼の声がよく響いていました。頭もいいから、面白いことを言っては笑わせてもらっていましたが、メディアの前では必要以上に話さなかったし、素の自分をファンに見せる必要もないと考えていた。そういう選手が阪神には多かったと思います。

阪神の選手は常に〝見られて〟います。

テレビ、ラジオ、新聞、雑誌、最近はネットメディアもあり、数えきれないくらいたくさんの担当記者がタイガースにはいます。その数は12球団NO・1。メジャーリーグの人気球団、ニューヨーク・ヤンキースよりも多いと言われるほどです。

試合前も、試合後も、練習日も、時にオフも、カメラマンと記者に追いかけられる日々。メディアの向こうに大勢のファンがいることは理解していますし、報道してもらうことはプロとしてありがたいことですが、度が過ぎるとストレスになります。たとえば練習方法を少し変えただけで、記者に意図を聞かれる。ちょっと試してみようかなということが、しにくくなるのです。

「だれかに見られているんじゃないか」

「また質問されるんじゃないか」

気にしなくていいことまでどんどん気になってきて、見えない敵と闘っている気分でした。

23年から海を渡り、アスレチックスに移籍した藤浪晋太郎が、今の環境を「ストレスフリー」と表現していましたが、分かる気がします。僕が特に敏感だったわけではなく、阪神の選手は注目されればされるほど、結果的にストレスを抱えることになるのです。

自分の言葉が意図通りに報道されるならまだいいのですが、誇張されたり、曲解されたりして伝えられることもあり、いら立ちを覚えたこともありました。

いきなりのエース扱いに、ちょっと待ってくれ

〝持ち上げられる〟怖さも経験しました。

僕は自由獲得枠での入団だったので、ルーキーイヤーはある程度、メディアに取り上げてもらいました。でもなかなか期待に応えられず、2年、3年、4年……とたつうちに、ほとんど相手にされなくなった。当然ですよね。活躍していない選手のことを知りたいと思うファンはいませんから。

それが、5年目の09年に13勝を挙げると、いきなり「エース」とか「左のエース」とか言われるようになりました。自分の中では「やっとスタートラインに立てた」という感覚だったのに、いきなりのエース扱い。

「いやいや、ちょっと待ってくれ。まだ1年しかやっていない。ここから頑張って、3年成績を残してようやく認めてもらえる世界じゃないの？」

そう思いました。

でも、翌年のキャンプでは連日メディアに追いかけられ、持ち上げられて……。僕

への反応が変わったのはメディアだけではなかったので、人間不信になりそうでした。タイガースでは昔からよく言われることですが、あのような扱いを受けると、勘違いする選手がいても不思議ではありません。若い選手は特にそうでしょう。僕は社会人の経験もあったので、浮かれることはありませんでしたが。

「自分を見失わないようにしよう。しっかり〝足元〟を見て行こう」

そう思っていたら足を骨折したんですけどね（苦笑）。

「今年が大事」と思って臨んだ翌10年のシーズン。5月2日の巨人戦（甲子園）で、二塁走者だった僕はセカンドゴロの間に三塁へ走りました。すると、二塁を守っていた脇谷亮太選手（現・三軍内野守備コーチ）がトンネル。慌てて加速したら、サードベースの手前でボキッと音がしました。

右足の親指付け根の骨折。甲子園には〝魔物〟がいる！ を実感した出来事でした。手術は回避できましたが、ブルペンで本格的な投球ができるようになったのは7月末。ようやく一軍に戻れた9月に3勝0敗、防御率1・29で月間MVPを受賞できたのは「ケガの功名」と言うのでしょうか。

二人いた能見篤史が一人になった

現役最後の2年間を過ごしたオリックスは、まるで別世界でした。報道陣の少ないこと、少ないこと（笑）。僕の入団会見に集まった記者は5人でしたからね。1、2、3……思わず数えちゃいました。

阪神入団のときはテレビカメラが7、8台いて、記者が何十人もいて、スチールカメラのフラッシュがすごくて……もちろん、新入団の選手と40歳を過ぎて移籍してきた選手では違うでしょうが、それにしてもあまりの差に驚きました。

でも、報道陣が少ないのは正直、楽でしたね。特に試合で打たれた日は。

阪神では、打たれた投手や打てなかった野手がコメントを求められます。これ、他球団ではあまりないこと。少なくともオリックスではありませんでした。先発投手は降板時に広報を通じてコメントを出しますが、試合後に追いかけられることはまずありません。敗因を語るのは監督か、あったとしてもコーチでしょう。

阪神から他球団へ移籍した選手は「楽になった」と口をそろえます。逆に、阪神に来た選手は「しんどい」と。「オレを見てくれ！」というタイプの選手にはいいのかもしれないと思っていましたが、あの西岡剛が「タイガースはしんどい」と言っていましたからね。どれだけ大変か想像してもらえると思います。

オリックスに移籍して、野球観そのものが変わりました。それぞれの球団にはチームカラーがあり、中に入ってみないと分からないことがたくさんあります。

他球団を経験してあらためて思ったのは、阪神の選手は背負うものが多いということ。「だれかのために」というのはもちろん力になるのですが、背中に乗った〝思い〟が重すぎると、体が動かなくなってしまいます。

阪神のピッチャーは試合前、「勝ちたい」よりも「打たれてはいけない」のほうが大きくなり、嫌な緊張感に包まれがちです。でも、オリックスの選手にそれはあまり感じませんでした。

そもそも、オリックスには「見られている」という発想自体がありません。カメラが来ると、むしろ映りたい選手が集まってくる。小学生か！

21年に優勝してからはさすがに報道陣の数も増えましたが、それでも阪神の10分の1くらい。選手たちが天狗《てんぐ》になっていたら釘を刺してやろうと思っていたのですが、杞憂《きゆう》に終わりました。

だれかの目を気にしなくていいのは、自分がやりたいこと、やるべきことに集中できる、とてもいい環境です。オリックスでは練習中、ふざけて遊んでいるように見える選手もいましたが、和気あいあいとした雰囲気はむしろ新鮮で、同じプロの球団でもこれほど違うのかと驚きました。

阪神では、ちょっとした息抜きもしづらかったので……。勝っているときはともかく、チーム状態が悪いときには何を言われるか分かりません。ベンチが暗いと指摘されることもありましたが、それはカメラを気にしている選手が多かったからだと思います。

そんな中で、僕はいつしか「演じる」ようになりました。素を出すとしんどくなる。それなら「もう一人の自分」をつくっておいたほうが、ずっと気が楽だったからです。成績が出ないときは叱咤激励をたくさんいただきます。自業自得ではありますが、傷口に塩を塗られ、追いつめられる感覚になると、どんどん違う能見篤史が出来上がっていきました。

そして、結果を残したら残したで違う意味で素の自分を出しづらくなり、また演じるようになる。メディアを通じてファンのみなさんに届いていたのは、能見篤史の影武者だったかもしれません。

それが、オリックスでようやく「一人」になれました。

「もう自分をつくらなくていいんだ。素を出していいんだ」

長年、背負っていた荷物をやっと下ろすことができました。

アイ ドント ライク ノウミサン

メディアでの取り上げられ方が原因で〝騒動〟になったこともあります。

“I don't like Nohmi-San.”

覚えていますか? 12年6月9日のオリックス戦(甲子園)後にマット・マートンが報道陣の質問に答える形で言ったセリフです。

その試合に先発したのが僕。マートンはライトを守っていました。初回に1点を先制され、0対1で迎えた4回の守備。二死二塁のピンチに、外野手は前進守備を敷いていました。浅い打球なら本塁で刺して追加点を阻止しようという考えです。

ここで齋藤俊雄選手（現・バッテリーコーチ）にライト前へ運ばれました。そのときのマートンの守備が緩慢に見えたらしく、試合後、記者から「本塁で刺す気はあったのか」といった質問が……。

確かにマートンの送球は三塁側にそれて、追加点を奪われました。さらに打者走者にも二塁に進まれたのですが、「刺す気はあったのか」とはひどい質問です。

マートンは打撃の調子がよくなくて、いろいろなアドバイスに頭の中はぐちゃぐちゃ、ストレスを抱えていたときだったと思います。それが影響したかは分かりませんが、4回の守備が集中力を欠く、やる気のないプレーに見えた。だから記者は質問したのでしょう。でも、聞き方というものがありますよね。

「ニルイ　ドウゾ。アイ　ドント　ライク　ノウミサン」

いら立ちもあったのか、マートンはそう答えました。

悪気はなかったはずです。ニュアンスとしては、「僕がノウミサンを嫌いだから、わざとやったと言えばいいんだろう?」――そんな感じでしょうか。

でも、メディアは見逃してくれない。この一件は翌日の新聞に大きく取り上げられました。驚いたマートンはすぐ謝りに来てくれましたが、僕はなんとも思っていなかったので、「気にしないで」とひと言だけ。

チーム内でも〝ネタ〟になり、金本知憲さんや藤川球児が報道陣に「僕も能見さんが嫌い」などと発言してくれたことで鎮火に向かってくれました。

ただ、マートンはずっと気になっていたのか、翌年4月9日の巨人戦（甲子園）で一緒にお立ち台に上がったとき、突然「ノウミサン　アイシテル〜！」と抱きついてきました。ファンの前で〝和解〟していることを示したかったのでしょう。彼はとてもまじめな性格なのです。

阪神の特殊事情について書きましたが、いい経験をさせてもらったと思っています。阪神でもまれて精神的に強くなれました。それは僕だけでなく、タイガースの選手全員に言えること。

逆に、オリックスの選手には打たれ弱さがあります。彼らが阪神に来たらノイローゼになるんじゃないかと思うほど、環境が違います。

阪神のような環境にあったら、オリックスは優勝できていないかもしれないし、阪神がオリックスのような環境だったら、もっと優勝できたかもしれない。同じ関西でもカラーのまったく違う2球団を経験させてもらって、本当に勉強になりました。

マイナス思考だから頭と心の準備を徹底する

僕はマイナス思考でもあります。物事が悪いほうに行くことを想定して、リスクマネジメントしておきたいタイプ。一番のリスクマネジメントは〝準備〟だと思っています。

マイナス思考と聞くと、何か悪いイメージを持たれそうですが、あらかじめ準備ができる、という意味ではむしろよいことではないでしょうか。

大切なのは準備の仕方。マイナス思考のまま「無理かもなあ」なんて思いながらやってもダメで、似たようなケースを経験しているのなら、そのときのことを思い出して反省しつつ、「ここだけはちゃんと押さえておこう」というポイントを洗い出したり、「やれることはすべてやった」と思えるくらいまで持って行くことが必要です。

僕の場合、体のコンディションを整えるのは大前提として、それプラス、頭の整理を心がけていました。

対戦相手のデータはスコアラーが準備してくれます。それはもちろん参考にするのですが、そこで終わりでは準備のうちに入りません。

たとえば、スコアラーが教えてくれる「○○選手が打っていないコース」が、すべて自分に当てはまるとは限らない。以前の対戦で僕がそのコースを打たれていたとしたら、注意して投げなければいけません。恐らく、ほかのピッチャーと僕とでは待ち方が違うのでしょう。そういう可能性も含めて頭の中を整理してマウンドに上がっていました。

もう一つ、心の準備も大切です。

心の準備とは、迷いをできるだけ少なくすること。迷いを抱えてマウンドに上がってもよい結果が出るわけはありませんから、体と頭を整えて、ゼロにはできなくても、迷いを極力小さくするように努めました。

先発は1週間に一度ですから、次の試合に向けてテンションを上げていくのも心の準備。前の登板で打たれているとしたら、それを引きずらないようにすることも準備の一つと言えるでしょう。

用意周到な準備の裏には「責任感」があります。プロ野球選手であれば、だれもが立てるわけではない場所に立たせてもらうのですから、責任感を持って臨むのは当然。

それはどのような仕事でも同じかもしれませんね。

100点満点を求めない

準備の大切さを書きましたが、残念ながら、どれだけ準備しても万全な状態にならないこともあります。そんなとき、僕は「受け入れる」ようにしていました。

若いときはそれができなくて、状態がよくなければ「今日はダメだ」と思っていましたが、経験値とスキルが上がると、「ダメだ、体が動かない。今日は球の高さだけ意識しよう」とか、「フォアボールだけは出さないようにしよう」とか、違う発想ができるようになりました。

オリックスで兼任コーチをしていたとき、僕は選手に「絶好調は求めないでくれ」と言いました。

100点満点を目指すと、たとえば50点の状態でマウンドに上がらないといけなくなったとき、50点の差を埋めるのは至難の業です。というか、絶対に埋められない。

であれば、70点とか80点とか、自分にとって「ふつう」の状態、よくも悪くもない状態を目標にしておくほうが、悪いときとの差は小さくなります。

用意周到と言っておきながら矛盾していると思われるかもしれませんが、手を抜いていいという意味ではありません。できる限りの準備はするのですが、それでも思うような状態に持って行けなかったとき、「受け入れる」ためには絶好調を求めないほうがいいということです。

100点満点を求めたくなる気持ち、分かります。それは指導者も選手も同じ。子どもも大人も、アマチュアもプロも、みんなそう思っているに違いありません。100点の状態なら抑えられる確率、打てる確率が上がりますからね。

でも、繰り返しになりますが、目標と実際の差が大きすぎると埋めるのはとても困難です。僕が身につけた「受け入れる」「発想の転換をする」という方法は、差が小さいからできること。最初は僕も一番高いところを目指していたので、ダメなときには「はい、ダメでした」で終わっていました。それでは成長がありません。

人間ですから、毎日「最高」の状態をキープするのは無理。でも「ふつう」のラインまでなら、ちょっとした工夫で戻せそうじゃないですか？　そのラインを越えたらラッキー、くらいに思っておくと気持ちが楽ですよ。

切り替え上手への道

マイナス思考とはちょっと違うかもしれませんが、「印象に残る試合」を聞かれると、打たれた試合のほうが思い出されます。

忘れられないのは18年5月11日の広島戦（マツダ広島）。初回に菊池涼介選手、サビエル・バティスタ選手、石原慶幸選手（現・バッテリーコーチ）に計3本のホームランを浴びて6失点、2回にも3点を取られて撃沈しました。石原選手は試合開始時点で打率2割もなかったのに、僕は2ランを打たれたのです。同じ79年生まれの同級生に、完全に心をへし折られました。

もう一つ、東京ドームの開幕戦で10失点した試合も忘れられません（14年3月28日）。4点をもらった直後の3回裏から、3イニング連続でツーアウトから失点。「伝統の一戦」で開幕するのは10年ぶりで、ファンは楽しみにしてくれていたでしょうに、僕が台無しにしてしまいました。

序盤で打たれた試合のほうが記憶に残るのは、先発として一番やってはいけないことだから。ただ、そんな夜も眠れないということはありませんでした。終わったことはどうしようもないので、切り替えるしかない。先ほど書いた、1週間後の試合に向けた「心の準備」です。

若いころはその切り替えが難しかったけれど、落ち込んだところでどうしようもないし、自分の弱いところを周りに見せているだけだと気づいて、次第に切り替え上手になりました。

仕事でもプライベートでも、何か失敗をして落ち込んだ経験はだれにでもあるはずです。そんなとき、僕は、私は、「こんなに落ち込んでいますよ」と周囲にアピールしているようなところはありませんでしたか?

ちょっといやらしい言い方かもしれませんが、僕はありました。結果が出ていなかった若いころ、無意識のうちに〝落ち込んでますアピール〟をしていたように思うのです。それに気づいたのは、うまく切り替えができるようになってからですが。

平然としていると、「アイツ、大丈夫か」となりますしね。日本人はどちらかというと反省を求めますから、知らず知らずのうちにそうなっていたのだと思います。

落ち込むのは人間の弱い部分が出ているとき。だからこそ、そんな自分とは早くサ

ヨナラして、次への準備に目を向けましょう。落ち込んでいても解決にはなりません
し、前を向くほうがずっと建設的です。

ピンチのマウンドにもっと来てほしい

マウンドに立つピッチャーは孤独です。
ピンチのときは、特に。
だから、一人にしないでください。
何を言っているの？　と笑われそうですが、これ、僕のメンタルが弱いからではな
く、多くのピッチャーが考えていることだと思います。
ランナーを出してピンチを迎えたときや、失点したとき、内野手がマウンドに来て
声をかけてくれることがあります。魔法の言葉があるわけではなく、たわいもない声
かけなのですが、冷静になれたり、前向きになれたり。ピッチャーは結構、助けられ
ています。
でも、ベテランになると〝放置〟されがちなのです。若い選手は「なんと言ってい

いか分からない」「そっとしておいたほうが逆に落ち着けるんじゃないか」。そんなふうに気を遣って足が遠のくらしくて。

いやいや、違うから。一人にされるほうが嫌だから。

僕は感情を表にあまり出さないので、余計に行っていいか迷うみたいですが、来てくれるだけでも〝一人で戦っている感〟がなくなるので、内野陣には「もっと来てくれ」とお願いしていました。

野手にもいろいろなタイプがいて、間《ま》を取りに来るだけの選手、ボソッと何か言って帰る選手、少し具体的なことを言う選手……さまざまです。

新井貴浩さんは阪神時代、結構マウンドに来てくれましたが、まじめな性格なので、声かけもまじめ。

「大丈夫、いい球行ってるから」

いつもそんなふうに言ってくれました。本当に新井さんらしい。でも、まじめなヤツはいらないんです。僕は内心、こう思っていました。

「いい球行ってたらピンチになってないし」

鳥谷の場合は「とりあえず来ました」って言う。僕が「ありがとう」と言って終わる。そのくらいがちょうどいいんです。少し冗談めかしてくれるほうが、逆に冷静になれたりする。少なくとも僕はそうでした。

ピンチに立たされたピッチャーは力が入っているので、僕が内野手なら、吹き出して脱力するくらいのことを言うと思います。

どんなことを言うか、想像してみましょう。

内野手の僕がピンチのピッチャーに何か言うなら

▽阪神のみんなへ

福原忍さんへ

「何してんすか。絶対打たれますよ、次」

安藤優也さんへ

「僕のところに打たせてください。エラーするんで」

↓これくらいのことを言ってリラックスしてもらいます。

下柳剛さんへ

「シモさん、冗談言っていいですか」

↓まずこう聞きます。「ダメ」と言われたら、

結構、冷静なんだと思います。

岩貞祐太へ

「今朝、何食べたん？　なんか悪いもん食べたんちゃう？」

岩崎優へ

「好きな車なんやったっけ」

西純矢へ

「女の子のタイプは？　きれい系？　かわいい系？」

▽オリックスのみんなへ

山本由伸へ

「気持ち上がらんから、わざとランナーためてるの？」

宮城大弥へ

「何点取られるの？　ここから10点は取られるな」

宇田川優希へ

「お前、晩飯抜き」

田嶋大樹へ

「右で投げる？」

山﨑颯一郎へ

「監督、めっちゃ怒ってんで」

山﨑福也へ

能見「○＋○＋○＋○は？」

山﨑「なんでそんなこと聞くんですか？」

能見**「お前の取られる点数」**

↓ちょっと変わったところで、計算問題を出します。

　彼の反応は読めるので、それに答える形ですね。

冗談を言うならこんな感じでしょうか。ふざけてる？　はい、ふざけています。でも結構、賛同してくれるピッチャーは多いと思いますよ。

相手の反応を見ながら伝える

変な話、下ネタでもいいと思うんですよ。ふっと力が抜けたり、クスッと笑えるようなこと。ピッチャーがそれくらいのことを望んでいるとは、野手は知らないでしょうね。だから、新井さんみたいにまじめなことを言っちゃう。

もちろん、相手の反応を見ることは大切です。「は？　何言ってるの」となったり、「アレはあかんぞ」と言われたりしたら、ちゃんと説明しなければいけません。「力を抜いてほしくて言いました。次からはやめたほうがいいですか？」と。こちらの意図が分かれば受け入れてくれるかもしれないし、それでも「NO」ならもう言わなければいい。

コーチの立場でも、ファームならマウンドでジョークのひとつも言いたいですよね。もちろん、状況確認はちゃんとします。「2人で1つのアウトでいいよ」とか、「ここはギア上げる必要ないよ」とか。でも、そのあとは緩急織り交ぜて。「5点くらい取られそうやな」

「このイニング、終わりそうにないな」

選手の表情を見ながらですが、これくらいは大丈夫でしょう。

ダッシュでマウンドまで行って、「あ、言うこと忘れた」って帰って来るのもいいかもしれない（笑）。

何事も「伝え方」と「聞く側の姿勢」で変わりますからね。こちらが何かを伝えようとしても、相手に聞く気がなければ届きませんし、耳の痛いことを言われて、腐るのか、奮起するのか、冷静に受け止めて次に進むのか……は、人それぞれです。

伝え方が難しいのは、兼任コーチを経験して身に染みました。逆に、人に何かを言われたとき、どう受け止めるかも難しい。嫌なことを言われたと感じても、本当にそれは許せないレベルのことなのか。実は大したことじゃないのに、必要以上にイラッとしていないか。そこでマイナス思考が発揮されては困るので、冷静に考えるようにしていました。

第7章

姿勢よく生きる――美しくあるということ

「世界一美しいワインドアップ」はこうして生まれた

2020年11月11日、阪神でのラスト登板（対横浜DeNA＝甲子園）も、22年9月30日、オリックスでのラスト登板（対千葉ロッテ＝京セラドーム）も、どちらもワインドアップで投げました。

18年のリリーフ転向後は基本的に〝封印〟していた投球フォームですが、感謝の気持ちを表すため、最後はワインドアップでと決めていました。ファンのみなさんに浸透していましたからね。

「世界一美しいワインドアップ」

そんなふうに形容されると恥ずかしかったけれど、〝美しさ〟を意識していたのは事実です。心がけていたのは背筋をピンと伸ばすこと。一本の棒のように立つイメージでした。もともと猫背なので、普段からできるだけ背筋を伸ばすようにしているのですが、マウンドではより強く意識しました。

こう書くと、ワインドアップにこだわりを持っていたかのようですが、いつからそのフォームにしたのかと聞かれると、定かではありません。もともと高校のときは振りかぶっていて、社会人でも最初は振りかぶっていたような……。それがいつからかノーワインドアップになり、またワインドアップになって、リリーフ転向後はセットポジションで投げるようになりました。

途中でワインドアップに戻した理由は、「自分を大きく見せるため」でした。もともと投げていたフォームなのですぐにしっくり来ましたし、振りかぶって投げる投手が少なくなっている今の時代、僕の代名詞のようになったのはうれしいことです。

ワインドアップのメリットは、大きく見せること以外にもありました。投げ急ぎがなくなり、自分主導、自分の間合いで投げられるようになったことです。

それまでの僕は、「バッターに合わせに行っている」と言われていました。コーチからすると、「いいボール投げてんのに、なんで打たれんねん」というのがあって、原因を探ってくれていたようです。そこで出た結論が、「バッターの間合いで投げているから、タイミングを取りやすい」ということ。もちろん、僕にそんなつもりはありません。でも、自然とそうなっていたのでしょう。

バッターにしてみれば、しっかり準備ができた状態で「はい、いらっしゃい」。波長が合ってしまうと、いいコースにいいボールを投げても、なぜかタイミングが合ってヒットにされることがありました。

たとえば、広島時代の新井貴浩さん。05〜07年の3年間は19打数9安打、打率・474、3本塁打、6打点。08〜14年は阪神でチームメートでしたが、広島に戻った15〜18年はまた49打数17安打、打率・347、3本塁打、13打点とよく打たれました。通算被打率は・382です。

阪神に移籍して来られたとき、真っ先に聞きました。なぜ、あんなに打てたんですか？　新井さんは「たまたま」としか答えてくれませんでしたが、本心だと思います。その「たまたま」が、まさに「波長が合う」ということなのでしょう。

ほかに思い浮かぶのは、中日時代の井端弘和さんと東北楽天の茂木栄五郎選手。井端さんには13年に13打数7安打、打率・538と打ち込まれました。茂木選手とは対戦が少なかったけれど、阪神時代に5打数3安打、オリックスに移籍した21年は苦手意識から2打席ともフォアボールで歩かせています。

その3選手にはワインドアップにしても完全に主導権を握られていたことになりますが、ほかの選手に対してはこちらの間合いで投げられるようになったので、フォー

ワインドアップが「世界一美しい」と言われ――「うれしかったです。せっかくなら、もっときれいになってやれって思いながら投げていました」（著者）

ム変更後、いい結果につながりました。

ピッカリ投法ではありません

僕は振りかぶったあとに一度、首の後ろあたりにグラブを引く動作をしていました。打者のタイミングをずらすためではないかと言われたこともありますが、そのような意図はなく、ただのリズム。アクセントをつけるような感覚で、自然とあのフォームに落ち着きました。

振りかぶるとき、たまに帽子のツバに手が当たって脱げそうになることがありました。それを見て打席でタイムをかけたのが、オリックスで打撃コーチをしている髙橋信二さんです。

僕の手が帽子に当たって脱げそうになったのを見るや、タイムをかけてキャッチャーの藤井彰人さんに言ったそうです。

「ピッカリ投法はアカンで」

ピッカリ投法とは、佐野慈紀さん（元・近鉄ほか。近鉄時代は重樹）の〝持ちネタ〃。ご存じない方は「ピッカリ投法」で検索してみてください。動画もたくさん出てきます。それだけ見ると、「佐野さんて面白い人だなあ」で終わってしまいそうなので、書き添えておきます。

佐野さんは中継ぎ投手として日本プロ野球史上初の1億円プレーヤーになったすごい方です！

もちろん、僕の場合はネタではなかったので、打者にタイムをかけられない限り、投げる途中で帽子を元に戻していました。

セットポジションではグラブの位置を工夫

リリーフ転向後も初めはワインドアップで投げていましたが、走者のいる場面で登板することもあり、フォームの誤差が出ないようにしたかったので、途中からランナーなしでもセットポジションで投げるようにしました。そのほうが制球が安定しますし、セットの時間を長くしたり、逆にクイックで投げたりすることで変化をつけられ、抑える確率を上げられると考えたからです。

ワインドアップで振りかぶったときの手の高さなどはずっと変えませんでしたが、セットポジションでグラブをセットする位置は変えました。

最初は顔に近い位置に構えていたのを、途中から少し前に出すようにしたのです。リードを取ったセカンドランナーにフォークの握りが見えていると感じたのがきっかけでした。

甲子園での福岡ソフトバンク戦。本多雄一選手（現・二軍内野守備走塁コーチ）が二塁にいて、僕がグラブの中でフォークの握りをしていたら、投げ始めたときにもうスタートを切っていたのです

「あ、ランナーから見えてる」

そう思って、グラブの位置をだんだん前にしていきました。

阪神最後の日はワインドアップで締めた

引退試合については第1章に書いたので、ここでは阪神での最後の一日について振り返ってみましょう。

引退ではなく退団だったのに、阪神球団にはいろいろと気を遣ってもらいました。試合前練習では選手、スタッフ全員が背番号「14」のそろいのTシャツを着て、僕の登場曲をBGMに迎えてくれました。みんなにあいさつする時間もつくってもらいましたし、記念撮影まで。

タテジマ最後の登板は1対0の9回でした。8回に大阪ガスの後輩でもある近本光司が適時三塁打を放ってようやく1点。まさかの展開で出番がやって来ました。楽しみたいような、ドキドキするような、複雑な気持ちでマウンドへ。でも一番は、みなさんに感謝の気持ちを伝えられるようなピッチングをしたい、ということでした。

その一つが、先ほど書いた「ワインドアップ」です。先頭の四番・細川成也選手（現・中日）にはヒットを打たれましたが、続くネフタリ・ソト選手を併殺に仕留めて、もう一度ワインドアップで投げられる状況になりました。

最後、柴田竜拓選手を空振り三振に打ち取ったときはホッとしましたね。何しろリードが1点でしたから。阪神最後の試合でセーブを挙げることになるとは思ってもみませんでした。

梅野隆太郎や岩貞祐太、大山悠輔まで泣いていたのには驚きましたが、うれしかったです。胴上げされそうな空気もあったので、それは全力で阻止しましたが。引退するわけではないのに、胴上げはおかしいでしょう。

ただ、最終戦のセレモニーが終わったあと、ファンのみなさんにあいさつするための場内一周はさせてもらいました。ライトスタンドに頭を下げに行ければとは思っていましたが、トラッキーに先導され、あんなふうに歩かせてもらえるなんて……本当に感謝しています。

グラブは大きさだけでなく色も大事

セットポジションのグラブの位置だけでなく、グラブそのものにもこだわっていました。

一つは大きさ。握りを隠すために、どんどん大きくしていったのです。外野手のグローブと同じくらいの長さはピッチャーとしては珍しかったようで、お世話になったZETTの職人さんに、「ピッチャーでこんなに大きなグローブを使っていた選手はほかにいない」と言われました。

球種がバレないように、というのがグラブを大きくした一番の理由ですが、もう一つ、投げたあと〝9人目の野手〟として仕事をするためでもありました。

たとえば、僕が一塁のベースカバーに入るような一、二塁間のゴロを打たせたとします。二塁手が処理した場合、下からのトスではなく、一塁への送球は上から。そのとき、グラブが小さいとうまく捕れない気がするのです。動きながらの捕球になりますし、きれいなボールが来るとも限らない。でも大きければ、芯を外しても捕れそうじゃないですか？「なんとかなる」と思えたほうが精神的にもいいですしね。そういう意図もあって大きめのグラブを使っていました。

大きくなれば当然、重くなりますが、それはあまり気になりませんでした。外国人投手が僕のグローブを持って驚いていましたけど。

オリックスに行ってからは、逆にちょっと短くしました。セットポジションで構えても球種がバレないようにフォームを工夫していましたし、いろいろな人から重いと言われて、確かにちょっと重いかもなと。短くしてもらったら、今更ながら「あ、軽い！」って思いました（笑）。

色にもこだわりました。プロ入り当初は青、赤、オレンジといった明るい色にしていましたが、フォームのクセが分かりやすいと指摘され、黒に変更。ピッチャーが試合で使うグラブには規制があって、以前は1色しか認められず、ヒモだけ色違いなのもNGでした。それが途中から緩和されたので、僕は最後、黒をベースに青いヒモを通す2色使いにしていました。

プロは〝見栄え〟も大切ですからね。子どもたちに「あのグローブ、カッコいい」と思ってほしいじゃないですか。ZETTとアドバイザリープロスタッフ契約を結んでいた僕のグローブは、「能見モデル」として売り出されるわけです。もちろんプレーでアピールするのが一番ですが、売り上げに貢献できるよう見栄えも気にしていました。

最後に使っていた「能見モデル」のグラブは結構、問い合わせがあったそうですよ。現役でアドバイザリー契約をしている阪神の青柳晃洋より、人気だったと思います。

あの青いヒモ、オシャレでしょう? こだわりの一品なんです。もともとグローブに使用できる強度のヒモではなかったのですが、どうしてもあの色にしたくて、ZETTにお願いしてつくってもらいました。強度不足は否めないから試合限定使用。練習ではほかのグローブを使うようにしていました。

自分の見栄えも大切

現役時代は体型を含めた自分の見栄えも気にしていました。プロ野球選手は人に見られる商売ですからね。と言いつつ、ファッションにはあまり興味がありませんでしたが。

現役時代は大体、決まった店で洋服を買っていました。買い物が嫌いなわけではなく、欲しい物を目指して行くならいいのですが、探して歩き回るのが面倒くさくて。野球をやっている間、そこに時間とエネルギーを割く気はまったくありませんでした。

やめても相変わらずですけどね。今はほとんどの仕事が私服なので、もう少し興味を持ったほうがいいのかもしれませんが、そもそも何と何を合わせるとオシャレなのかよく分からない。毎回スタイリストがついてくれるしいいのですが、自分で選ぶとどうしても似たような色、デザインになってしまいます。

そういうわけで、テレビに映る僕の服装はあまりチェックしないでください。

体型はほとんど変わっていないので、そこはヨシ、ですね。引退後は太る人が多いけれど、僕はもともと太りにくい体質で、現役時代はむしろ「体重を増やすためにどうするか」に悩んでいたくらいです。

朝方まで食べ続けて体重増を目指した

高校時代に相撲部員と一緒に夕食を食べさせられた時期があり、それが苦痛だったという思い出話を書きましたが、〝食との闘い〟はその後も続きました。ふつうはダイエットに苦しむのでしょうが、僕は逆。無理をして食べなければいけなかったので、食事は僕にとって練習であり、トレーニングでした。

プロ入り当時の体重は68キロ。身長180センチですからかなり痩せています。1年目のオフに結婚したのですが、そこから何年も結果が出なかったので、何かを変えなきゃいけないという結論に至り、妻と二人三脚で体重増に取り組みました。

目標は80キロ！

妻は食事に関してめっちゃ勉強してくれました。特に資格などは持っていませんが、本を読んでメニューを工夫してくれていましたね。品数は最低6品。そのうち3品は二人前用意されていました。

ナイター終わりの夕食はスタート時間が遅いので、食べ終わりが朝方になることも珍しくありませんでした。途中から入らなくなるんです。脳が「満腹だよ〜」と言っているのに食べようとしても、体が受けつけない。満腹中枢が反応する前が勝負だと思って早食いしてかき込んでいましたが、やはり途中で食べられなくなりました。

でも、やめるわけにいきません。せっかくつくってもらったし、体を大きくするための練習だと自分に言い聞かせて、必死に口へ運びました。少しずつ、少しずつ。ちびちび、ちびちび。妻と話をしたり、時には一緒に〝桃鉄〟(ゲームの桃太郎電鉄シリーズ)をしたりしながら。

妻には申し訳ないけれど、味わう余裕はありませんでした。ゆっくり食べるとおなかがいっぱいになってしまうので、よーいドンで行けるところまで行く感じ。無理にでも食べているうちに多少は胃が大きくなったかもしれませんが、やはり満腹中枢は働くので、そのあとは自分と格闘しながら食べていました。

球場へは妻手づくりのおにぎりを持参。何個もあると食べる気がしなくなるので、でっかいのを1つ用意してもらっていました。増量に取り組んでいる時期はファームにいることが多かったので、昼食は食堂でとって、ウエート・トレーニングなどをして14時か15時におにぎりを食べる。水分と一緒に流し込むような感じでしたが、それでも食べないよりはマシだと思っていました。

遠征先のホテルでは自宅のように時間をかけて食べることができません。食事会場の時間が決まっていたからです。食べられるだけ食べたらプロテインを飲んで、部屋に帰ってまた食べる。ポイントは食べたいと思うものを食べること。お菓子でもケーキでもなんでもいいから口にしていました。当時は、体を大きくしないと次に進めないと思っていたので。

最高で78キロまで行きましたが、そこで〝食べるトレーニング〟は終了しました。途中で嘔吐《おうと》したり、ごはんを見るのも嫌になったりしてきたからです。拒食症になっては元も子もないので、そのあとは食べたいときに、食べたいものを、食べたい量だけ。すぐに74キロまで落ちてしまいましたが、妻の手料理を味わって食べられるようになったのはよかったです。

掃除も洗濯も得意な「きれい好き」

妻には食事以外にもたくさんサポートしてもらいました。僕の仕事の邪魔にならないように、というのをずっと心がけてくれていたと思います。子どもに何かあったときも、報告はしてくれますが、僕に何かしてほしいと言うことはありません。

僕の出番はよほど〝ガツン〟と言わなければいけないときだけ。父親の威厳はあるほうだと思うので、息子2人は僕のことを怖いと言います。娘は……どうでしょうか。思春期で難しい年ごろです。

子どもたちには僕の価値観を押しつけないようにしているつもりですが、自分たちがいかに恵まれた環境にいるのかは伝えたいと思っています。何事も当たり前と思わず、感謝の気持ちを持ってくれれば、と。

そんな思いがあるにはありますが、やはり日常の育児となると妻任せ。妻には頭が上がりません。世の夫の大半はそうだと思いますが。

僕の妻は、僕が野球で苦しんでいても、基本的に放置です。ただ、いつもとちょっと違うなと感じたら、「そんなに落ち込んでいてもどうしようもないよ」と声をかけてくれました。

妻とは社会人のときからの付き合いで、ケガばかりしている僕も、結果を出せずに悩む僕も、ずっと見てくれていました。だから、放っておくのがいいのか、声をかけたほうがいいのか、感覚的に分かるのでしょう。彼女の言葉で何度、ポジティブな気持ちにさせてもらったか分かりません。本当に感謝しています。

その恩返しというわけではありませんが、家事はできる範囲でやっています。掃除と洗濯は好きなので、言われなくてもやりますよ。高校、社会人と10年間も寮生活でしたから、慣れたものです。

料理は……やればできます。高校のとき、土日祝日は自炊しないといけなかったので、野球部みんなで買い出しをして、それぞれ食べたいものをつくっていました。僕は野菜炒め専門。今も言われればつくれますが、言われないのでつくりません。

見栄えを気にする僕らしく、きれい好きだとも思いますが、ロッカーは別でした。リストバンドとかバッティンググローブとか、ZETTからたくさん提供してもらうのですが、ちっとも減らなくて。アンダーシャツも一日に3枚あれば十分だったので、たまる一方でした。

アンダーシャツをイニングごとに着替える投手もいますが、僕は汗をかいても気にならなかったし、逆に着替えると違和感があったので、交代するまで同じのを着ていました。練習で1枚、試合で1枚、降板して1枚。洗濯しても6枚あれば足りるから、ロッカーに新品が積まれていくのです。

きれいに並べているつもりでも、物が多くて雑然としたロッカーでしたね。それって、きれい好きとは言わないのでしょうか？

数字の見栄えも気にしていた

本を書くにあたって、自分にまつわる数字をいろいろ調べてみました。大体、記憶通りでしたね。現役のときから数字を意識して見るほうだったからかもしれません。やはり〝見栄え〟が気になったからです。

スポーツ紙には毎日、細かい成績が掲載されます。それを見ていると、「今年はフォアボールが多いな」とか、悪い数字が目につく。僕は負け数が多かったので、それも気になりました。「エース」と呼ばれるようになってからは、特に。

「負け数が多いのに、エースとは呼ばないでほしい」

そんなことも考えました。

逆に、死球の数が少ないのはいいことのように見えますが、実際はそうでもありません。

たとえば、13年は180イニング以上を投げて死球0でした。これ、バッターにしてみると怖くないんですよね。「抜けてきたらどうしよう」という不安がないから、どんどん踏み込んでくる。インコースを攻めても腰が引けないのです。

最近はヒジ当てを着けるバッターも多いので、余計に逃げません。ヒジのあたりに来たボールは怖いはずなのに、クルッと回って、ピッチャーに背中を向けるような動きをします。あれはよけたうちに入りません。背中側に下がらないと、体を回転させるだけでは当たってしまうからです。でも、当たれば死球とみなされます。

となると、足元を狙うしかありません。次の球を生かすためのエサまきとして、腕の近くではなく足元へ投げて崩す。〝足払い〟ですね。怖がりのバッターには効果がありました。

数字を意識していたと言いましたが、決して数字に強いわけではありません。習い事で言うなら、そろばんは嫌い。得意な人は、指を空中で動かす〝エアそろばん〟をしますよね？　あれ、意味が分かりませんでした。

習い事で好きだったのは習字です。文字を丁寧に書くのは今も苦手ではなく、「字がきれいですね」と褒めていただくこともたまにあります。そんな見栄えも大事なのかなと。

解説では両チームのよさを伝えたい

今は野球評論家という立場で数字と向き合っています。初めて一軍でプレーするような選手の情報は少ないけれど、数字から見えてくることもありますし、もちろんできる限り取材をしてお届けしたいと思っています。

心がけているのは、一方のチームに偏った解説をしないということ。僕は関西ローカルの地上波放送で阪神戦の解説をすることが多いので、どうしても阪神寄りの中継になりがちです。でも、見てくれているのは阪神ファンだけではないはずなので、できるだけ両チームのよさを伝えられるように、少なくとも相手チームの選手を批判する発言はしないようにと肝に銘じています。

ＣＳテレビやラジオの場合は、視聴者やリスナーにさらに相手チームのファンが増えるでしょうから、その方たちにも楽しんでもらえる解説をしていきたいです。

難しいのは、ターゲットをどういった層に設定するかということですね。野球を知り尽くした玄人相手になら専門的なことをどんどん言えばいいのですが、果たして、その層がどれくらいいるのか。

23年は特に、ＷＢＣを見てファンになった、ルールもまだよく知らない〝野球初心者〟も多いと思うので、そういった人たちにも理解しやすく、さらに野球を好きになってもらえるような解説ができればと思います。

残念ながら、玄人の方には面白くないかもしれません。それでも、野球ファン拡大のため、バッテリーと打者の駆け引きよりも、テレビ画面を見たりラジオを聴いたりしていれば分かることをお伝えしていきたい。いろいろなスタンスの解説者がいるので、自分好みの解説者を見つけてみてください。

WBCで大谷翔平が伝えたもの

23年のWBCは解説者の目線では見ていませんでした。かといって、プレーヤー目線でもファン目線でもない。全部の中間というか、「この場面でどんなパフォーマンスをするんだろう?」と興味津々、でも冷静に見させてもらいました。

当然、世界一の瞬間もサヨナラ勝利の瞬間も、「ワー!」「スゲー!」「ヤッター!」とはなりません。僕自身、13年の第3回大会に出場させてもらっていますし、社会人時代の04年には『ハーレム国際大会』にも参加させてもらいました。そこで日の丸の重みや国際大会で力を発揮する難しさを体験しているので、「この重要な場面でこのパフォーマンスができるのは、やっぱりすごいな」と、選手たちをあらためてリスペクトしていました。

大会を通じて印象に残ったのは、大谷翔平選手のピッチャーとしての立ち居振る舞いです。もっと淡々と投げるかと思っていたら、そうじゃなかった。チームの気の緩みを打ち消す立ち居振る舞いを、マウンドでしていたのです。

たとえば、1次ラウンド初戦の中国戦（東京ドーム）。中国には簡単に勝てると、みんな思っていたでしょう？「大谷に投げさせなくても」という声も聞きました。もしかするとチーム内にもあったかもしれないそうした気の緩みを、大谷は自身の投球と立ち居振る舞いで排除していったのです。

「ナメたらダメだよ。何があるか分からないよ」

そんなメッセージが込められたピッチングでした。

準々決勝のイタリア戦（東京ドーム）で、大谷投手が初回からうなり声をあげていたことが話題になりましたが、そういうことではありません。声を出す、出さないではなく、投球そのものを見ていれば、一切手を抜いていないのが分かります。もちろん、チームメートにも伝わったでしょう。

栗山英樹監督は決勝までを想定して先発投手を決めたと思いますが、大谷選手を初戦に先発させる意味は、そこにもあったと思います。そして、大谷選手自身も起用された意味をちゃんと理解していた。ただ投げるだけではなく、何を伝えればいいかを。

侍ジャパンに選ばれたこと自体の意味も考えていたでしょう。それはダルビッシュ有投手も同じ。ただ単に「メジャーリーガーが参加する」ということではなく、もっと奥深い意義があったことを、彼らはちゃんと分かっていたはずです。

ダルビッシュ投手の行動はファンにも分かりやすかったですよね。大会前の合宿初日から参加して、若い選手たちとのコミュニケーションを積極的に取っていました。大谷選手はエンゼルスとの契約の問題もあったのでしょう、合流は少し遅れましたが、マウンドでしっかりメッセージを伝えてくれました。

あの2人にそうさせた、栗山監督がすごいですよね。大谷選手とは北海道日本ハムで一緒にやっていて、すでに信頼関係もあったと思いますが、それにしてもあの手腕はすごい。そもそも栗山監督でなければ、2人を招へいできていなかったかもしれません。

次回は3年後の予定ですが、今度はだれが指揮するのでしょうか。情報は全然入っていませんが、僕が敬愛する中嶋聡監督かもしれない！　世界一になった侍メンバーにはオリックスの選手がたくさんいましたし、レッドソックスの吉田正尚選手も元教え子。監督は現役時代からずっと北海道日本ハムと接点がありましたし……いえ、僕の勝手な妄想です（笑）。

なぜ日本は世界一になれたのか

印象的なプレーやシーンが多かっただけに、MVP（Most Valuable Player）を選ぶのは難しい。グラウンド内に限定すれば大谷選手でしょうが、外も含めるとダルビッシュ投手を推したくなりますし、「プレーヤー（Player）」ではないけれど、栗山監督も外しがたい。みなさんならだれに1票を投じますか？

06年に始まったWBCは、メジャーリーグ機構（MLB）の主催でありながら、メジャーリーガーがほとんど出場しないという、正直、盛り上がりに欠ける大会でした。でも明らかに変わってきた。アメリカが本気になってきましたし、ほかの国や地域も強くなっています。

その中で世界一を奪還できたことは、日本の野球界にとって非常に大きな出来事でした。メジャーとの差は完全に縮まっている、というのを証明しましたし、子どもたちに夢を与えてくれました。これまで野球に関心がなかったけれど、WBCをきっかけにファンになったという人も多いとか。入り口は「大谷選手、かわいい」でいいんです。これからどんどん野球の面白さを知ってください。

「なぜ、日本は世界一になれたと思いますか?」

大会が終わってからいろいろな人に聞かれました。僕はいつも「準備をしていたから」と答えています。

選手だけではありません。スタッフ含め、チームにかかわるすべての人がしっかり準備していたと思います。

準決勝以降はアメリカでの開催でしたが、選手たちがいつでも日本食を食べられるよう現地の日本料理店を手配していた、という報道もありました、
これ、実はとても大切なことなんです。僕が出場した13年大会は、食事代を渡されて各自で店を探さなければいけませんでした。野球に集中できる環境とは言えませんよね。異国の地で最高のパフォーマンスを発揮するためには、環境を整えることが何より大切。今回のような〝全面バックアップ〟は、選手としてとてもありがたかったと思います。

もう一つ、チーム内に〝いい緊張〟があるように見えました。あれだけの大会ですから、緊張するなと言っても無理な話。かといって、ガチガチになってはいいプレー

はできません。

大会前、ダルビッシュ投手が「一人で背負いすぎないように」と、宇田川優希を輪の中心に置いた食事会を開催してくれていましたが、あれで宇田川は孤立することなく、プレッシャーを感じすぎることもなく、まさに〝いい緊張〟の中でプレーできたと思います。

あれも勝つための準備。勝負事なので「勝つ」という表現をしましたが、仕事で成功を収めたいときも同じではないでしょうか。職場でだれかを置き去りにせず、「周りにみんないるよ」というメッセージを伝え合うことができれば、いい雰囲気の中、いい緊張感を持って仕事に臨めるはずです。

23年の侍ジャパンは最高の準備をした。だから最高の結果を出せた！

それだけWBCの価値が上がってきたということです。現役選手のみなさん、ぜひ『侍ジャパン』を目指してください。WBCはシーズン開幕前の開催で調整の難しさなどいろいろあると思いますが、その価値は十分にあります。

決勝で日本に敗れたことで、アメリカの本気度はさらに増すに違いありません。キューバやドミニカ共和国、プエルトリコなども黙っていないでしょう。3年後はもっともっと面白い大会になるはずです。

周りの人にいかに喜んでもらうか

3年後、僕は何をしているでしょうか。

今はまったく想像できませんが、野球にはなんらかの形で携わっていると思います。それ以外何もできませんし、ここまで成長させてもらった野球に恩返ししないといけません。

僕は今まで「自分軸」でモノを考えないようにしてきました。自分が、自分が、と我を出しすぎたり、ああして、こうして、と希望ばかり押しつけていると、必ず争いの火種になります。職場でも家庭でもそうですよね？　自分のことしか考えない人たちが集まると、不協和音しか生まれません。

「周りの人にいかに喜んでもらうか」

僕はそれを大切にしてきました。野球も、そう。自分のためと思うと生まれてこないパワーが、だれかのためなら湧いてくるから不思議です。

特に社会人のときは、一発勝負の世界で、みんなでカバーし合う、一致団結する、といったことがいかに大切かを教えてもらいました。個人成績は二の次。チームが勝つために何ができるか、勝って会社の人たちに喜んでもらうにはどうすればいいか、それだけを考えてプレーしていました。

プロではどちらかというと、「個人成績を上げることがチームのため」という考え方が主流でしたが、それは昔の話。もちろん、個人成績で評価され、年俸が決まるのがプロです。でも、同じ3割打者でも、チャンスに強いバッターと、走者がいる場面で打てないバッターでは評価が違う。「得点圏打率」とか、打点の中でも勝利に直結する「勝利打点」とか、昔はあまり重要視されていなかったように思いますが、今はそういう数字こそが評価の対象となるのです。

チームの勝利にいかに貢献するか。それはイコール、いかにたくさんの人に喜んでいただくか、ということです。

僕は高校時代、甲子園に行けませんでした。社会人では日本一になれませんでした。プロでも阪神時代はルーキーイヤーに優勝の端っこにいさせてもらっただけ。オリックスでようやく優勝、日本一を経験させてもらいましたが、僕が目指した「周りの人に喜んでもらう」をどれだけ実践できたかは分かりません。ただ、そのためにやるべきことは手を抜かず、やってきたつもりです。

今回、自分の野球人生を振り返ってみて、「野球、楽しい！」と思えたことはほとんどないと気づきました。面白くなかった、つまらなかった、と言っているのではありません。大事な試合を任されたとき、勝てたとき、たくさんの人の笑顔を見られたとき……瞬間的に「楽しい」と思えたことはありましたが、すぐ次へ向かわなくてはならなかったので、あまり記憶に残っていないのです。

ユニフォームを脱いだ今も、おかげさまで忙しくしています。家族と過ごす時間や趣味のゴルフをする時間は少し増えましたが、野球が生活の中心にあることは変わりません。

解説をすることもあれば、どこかで野球の指導をさせてもらうこともあるでしょう。どうすればみなさんに喜んでいただけるか――。これからもそれを一番に考えて、野球に恩返ししていきたいと思います。

おわりに

あらためて野球人生を振り返ると、本当にいろいろなことがありました。決して順風満帆ではなく、山あり谷ありでしたが、だからこそ、こうして本にまとめ、みなさんに読んでいただく意味があったのかな、とも思います。

だれかに何かを「伝える」のは難しいものです。オリックス・バファローズで兼任コーチをさせていただき、そのことを痛感しました。

相手の性格などを考慮して言葉を選び、時にソフトに、時にハードに。硬軟織り交ぜてやってきたつもりですが、文字で伝えるとなると、さらに難易度が上がります。

本を手にしてくれた方の表情は見えませんから、言い換えることも訂正することもできない。誤解のないように注意しながら、でも必要以上にオブラートに包んだりせず、僕らしくちょいちょい〝毒〟も入れながら（笑）、歩んできた道のりや考えをできるだけストレートに記しました。

本書に書いた通り、僕は阪神タイガース時代、もう一人の能見篤史を演じていました。ですから、素の能見篤史をさらけ出すのはちょっと気恥ずかしくもありますが、みなさんの心に届く〝何か〟を、文字に込められていれば幸いです。

タイトルは『#みんな大好き能見さんの美学』に決めました。これまた気恥ずかしいのですが、「#みんな大好き能見さん」は、SNSでみなさんが使ってくださっている言葉。僕とほかの選手たちの写真を紹介するときなどに、オリックス球団がそのハッシュタグをつけて発信したのをきっかけに広まったのだと思います。現役晩年に移籍したチームやファンのみなさんに、そんなふうに言ってもらえたのはとてもうれしかったです。

今回タイトルに入れた「みんな大好き」は、今まで応援してくださったみなさんへ、僕から伝えたい言葉でもあります。

これからは野球評論家として、その「伝える」ということが仕事になります。現役時代はお世辞にも得意とは言えなかった話すことを通じて、ファンのみなさんとつながっていくわけです。

野球の楽しさ、面白さ、難しさ、奥深さ……何からお伝えすればいいか迷うほど、野球には魅力がいっぱい詰まっています。そのことは、2023年3月に行われたWBCで侍ジャパンのメンバーが証明してくれました。

僕はもうプレーヤーではありませんが、自分の経験と、外から野球を見て気づいた新たな視点を持って、その魅力をお届けしていきます。

選手の人柄や人間性など、野球をより身近に感じていただけるエピソードなどもふんだんに入れていくつもりです。楽しみにしていてください。もちろん、スパイス程度の〝毒〟も忘れません。

プロ・アマを問わず、野球界には数えきれないほどたくさんの方々が携わっておられます。そして僕は、そうしたみなさんに支えられて、大好きな野球を心ゆくまで堪能することができました。今度は僕が恩返しする番です。

これからさまざまな場所で、さまざまな形で、感謝の気持ちをお伝えしていければと思いますが、まずはこの本を通じて「ありがとう」を言わせてください。

僕を支え、押し上げてくださったみなさん、声を枯らして応援してくださったみなさん、本当にありがとうございました。

2023年6月

能見篤史

投球回	安打	本塁打	四球	死球	三振	暴投	ボーク	失点	自責点	防御率	チーム順位
64 ⅔	78	10	27	1	64	3	0	40	40	5.57	1
47	49	4	16	3	46	2	0	27	26	4.98	2
74	79	7	30	4	51	2	0	39	36	4.38	3
11 ⅓	15	1	6	0	10	1	0	6	6	4.76	2
165	142	11	44	5	154	3	1	61	48	2.62	4
62 ⅓	63	3	13	5	57	2	0	23	18	2.60	2
200 ⅓	151	8	55	6	186	3	0	59	56	2.52	4
182	157	14	37	3	172	5	0	61	49	2.42	5
180 ⅔	155	18	41	0	127	5	0	57	54	2.69	2
169 ⅓	170	16	48	3	151	9	0	81	75	3.99	2
159 ⅔	170	13	38	2	125	6	0	73	66	3.72	3
147 ⅓	140	17	52	6	126	5	1	67	60	3.67	4
128 ⅓	117	14	40	2	119	2	1	57	53	3.72	2
56 ⅓	40	5	19	3	48	6	0	23	16	2.56	6
44	37	5	24	1	41	2	0	21	21	4.30	3
24 ⅔	25	6	12	1	19	1	0	14	13	4.74	2
22 ⅓	26	2	11	3	19	0	0	11	10	4.03	1
3 ⅔	2	0	2	0	2	0	0	1	1	2.45	1
1743	1616	154	515	48	1517	57	3	721	648	3.35	

セ・パ交流戦日本生命賞（2013年）
若林忠志賞（2016年）

能見篤史　年度別投手成績

年度	年齢	所属球団	登板	勝利	敗北	セーブ	H	HP	完投	完封勝	無四球	勝率	打者
2005	26	阪　神	16	4	1	0	1	1	1	0	0	.800	293
2006	27	阪　神	38	2	4	0	8	9	0	0	0	.333	210
2007	28	阪　神	23	4	4	0	2	2	1	1	1	.500	330
2008	29	阪　神	11	0	0	0	0	0	0	0	0	.000	54
2009	30	阪　神	28	13	9	0	0	0	1	1	0	.591	675
2010	31	阪　神	12	8	0	0	0	1	0	0	0	1.000	267
2011	32	阪　神	29	12	9	0	1	1	5	1	1	.571	799
2012	33	阪　神	29	10	10	0	0	0	3	2	1	.500	737
2013	34	阪　神	25	11	7	0	0	0	6	2	1	.611	724
2014	35	阪　神	26	9	13	0	0	0	3	1	0	.409	720
2015	36	阪　神	27	11	13	0	0	0	1	1	1	.458	672
2016	37	阪　神	26	8	12	0	1	1	2	1	0	.400	634
2017	38	阪　神	23	6	6	0	0	0	1	0	0	.500	533
2018	39	阪　神	45	4	3	1	16	20	0	0	0	.571	229
2019	40	阪　神	51	1	2	0	18	19	0	0	0	.333	191
2020	41	阪　神	34	1	0	1	4	5	0	0	0	1.000	109
2021	42	オリックス	26	0	0	2	5	5	0	0	0	.000	103
2022	43	オリックス	5	0	0	0	1	1	0	0	0	.000	15
通　算			474	104	93	4	57	65	24	10	5	.528	7295

タイトル　最多奪三振（2012年）

主な表彰

月間MVP（４回＝2010年9月、2011年10月、2013年5月、6月）
オールスターゲーム敢闘選手賞（2012年第１戦）

能見篤史　のうみ・あつし

1979年5月28日生まれ。兵庫県出身。180センチ73キロ。左投げ左打ち。鳥取城北高卒業後、大阪ガスに入社し、社会人日本選手権で２年連続準優勝。自由獲得枠で2005年に阪神入団。09年に13勝を挙げて先発ローテーションに定着。11年から３年連続２ケタ勝利を記録。特にジャイアンツ打線から三振の山を築いて「巨人キラー」と呼ばれた。12年に最多奪三振のタイトルを獲得。13年にはWBC日本代表に。18年の交流戦からリリーフに転向後も、トレードマークのポーカーフェイスで腕を振り続け結果を残した。20年シーズン後に阪神退団。同年オフに選手兼任投手コーチとしてオリックスに入団。翌年の開幕戦で移籍後初登板を果たし、日本シリーズでもマウンドに上がった。コーチとしては主にブルペン担当を務め、山本由伸、宮城大弥、山岡泰輔らの活躍を後押し。愛と毒を絶妙にブレンドした助言で後輩たちから大きな信頼を寄せられ、チームの２連覇と日本一に貢献した。22年限りで現役引退。引退試合では、代名詞の「世界一美しいワインドアップ」で三振を奪い、ファンの胸を熱くさせた。現在は野球評論家として活動中。

#みんな大好《だいす》き能見《のうみ》さんの美学《びがく》
ポーカーフェイスの内側《うちがわ》すべて明《あ》かします

2023年 6 月20日　第 1 版第 1 刷発行
2023年10月25日　第 1 版第 3 刷発行

著　者　能見《のうみ》 篤史《あつし》
発行人　池田 哲雄
発行所　株式会社ベースボール・マガジン社
〒103-8482 東京都中央区日本橋浜町2-61-9
TIE浜町ビル
電話　03-5643-3930(販売部)
03-5643-3885(出版部)
振替口座　00180-6-46620
https://www.bbm-japan.com/
印刷・製本　広研印刷株式会社

Printed in Japan
ISBN978-4-583-11589-4　C0075